Spanish Short Stories for Beginners + Audio

Improve Your Spanish Listening and Reading Comprehension Skills

Claudia Orea (MyDailySpanish.com)

No part of this book including the audio material may be copied, reproduced, transmitted or distributed in any form without prior written permission of the author. For permission requests, write to support@mydailyspanish.com.

Also available:

Spanish Grammar for Beginners (https://geni.us/spanishgrambeg)

Easy Spanish Phrase Book (https://geni.us/spanishphrase)

For more products by My Daily Spanish, please visit:

https://store.mydailyspanish.com/

TABLE OF CONTENTS

INTRODUCTION

Reading is an entertaining and truly effective way to learn a new language. It is also the key to building better and more natural-sounding sentences. The problem is, when you are starting out with a new language, it can be difficult to look for suitable reading materials. Either you drown in a sea of vocabulary you do not understand, or you get lost in lengthy narratives that make your eyes water and your attention wander. Both can render the entire activity useless and a total waste of time.

Some people suggest starting out with children's books. But is it really effective? Children's books contain choice vocabulary and expressions specifically selected for children. Its themes may not be relevant to an adult learner's daily life.

There are also books that are written in parallel text. However, such books have a tendency to allow readers to choose the easier option; they therefore gravitate towards the English text instead of reading the story in Spanish.

What This Book is About

So, this book is not a lengthy narrative and it's not a children's book. It's also not written in parallel text. *So, what exactly is it?*

Instead of the afore-mentioned texts, this book strives to embed effective learning aids directly into the material. You will have audio that you can listen to so you can follow along with the pronunciation. You will have a Spanish and an English glossary within the stories, so there will be no need for a dictionary to help you with words you do not understand. You can practice your writing by coming up with your own words to sum up your understanding of the story, and then you can compare it with the **SUMMARY** provided after each story.

The Stories

This book contains a total of 11 short stories that revolve around daily themes. The stories are short enough to hold your attention (1,500 words in length), but long enough to make you feel a sense of accomplishment and progress after finishing each one.

You will find that the stories are written using a varied, useful vocabulary and a diverse grammar structure. The combination of dialogue and descriptions are carefully selected to suit beginner to low-intermediate level learners. This will benefit your comprehension for both written and oral communication and will help you in the day-to-day activities, whether you are reading newspapers or trying to understand daily lingo spoken on the street.

How to Use This Book

The stories are short enough to read in one sitting, so read the story from beginning to end. If the passages contain words that are difficult for you to understand, you can find them in the glossary throughout the text. After reading the story for the first time, you can then listen to the audio while following along with the text to enhance your listening skills and hone your pronunciation.

After reading through the story with the audio, you can re-read the story as many times as you would like. Once you feel you have a good understanding of the text, you can proceed to the quiz at the end of the chapter. After the quiz, you can summarize the story in your own words, then compare your **SUMMARY** with the one provided, as well as review the new vocabulary you have learned.

About the Audio

The stories have been recorded by professionals and native Spanish-speakers. Their pronunciation is a standard Spanish voice. They recorded the audio at a slightly slower speed than how Spanish people speak, but at a pace that still sounds natural. We guarantee a high quality of sound for your listening pleasure.

Important! The link to download the Audio Files is available at the end of this book. (Page 221)

STORY #1 – JUAN Y SUS AMIGOS
(PRESENTACIONES Y SALUDOS)

Important! The link to download the audio is available at the end of this book. (Page 221)

¡Hola! ¿Qué tal? Me llamo Juan. Soy español pero vivo en Londres. **Tengo** 27 (veintisiete) **años**. **Trabajo** aquí **como cocinero**. Mi trabajo es un poco **aburrido** porque todos los días preparo la misma comida para los clientes: arroz, carne, pescado, huevos... Además yo soy vegetariano así que nunca como estas cosas.

Hablo tres idiomas: catalán, español e inglés. También estudio francés. **Comparto piso** con tres chicos más: Pedro, Alberto y Xavier.

¡Hola! – Hi/Hello!

¿Qué tal? – How are you?

me llamo (verb llamarse) – I am called

tengo X años (verb tener) – I am X years old

trabajo como (verb trabajar) – I work as

cocinero – chef

aburrido – boring

hablo (verb hablar) – I speak

comparto (verb compartir) – I share

piso – flat

En mi tiempo libre, **me gusta salir a pasear** en bicicleta o **tocar** la guitarra. Me gusta mucho la música rock. También **me interesan** otros **deportes** como el baloncesto o el fútbol. **Creo que** a todos los españoles nos gusta el futbol.

en mi tiempo libre – In my free time

me gusta (verb gustar) – I like

me interesan (verb interesar) – I am interested in

deportes – sports

creo (verb creer) – I think/believe

Este es mi **compañero** de piso, Pedro. Pedro es de Portugal. Tiene 25 (veinticinco). Él es **dependiente** en una **tienda de ropa pero** también es **periodista**. A Pedro le gusta su trabajo porque allí habla con gente y **aprende** mejor el idioma. Como a Pedro también le gusta la **moda**, siempre sabe qué ropa está de moda en cada momento, los **pantalones** que **tiene que** vestir cuando **sale de fiesta**, las **camisas** que **puede** ponerse para **ir a** trabajar, qué **zapatos** ponerse cuando va a trabajar, etc.

En su tiempo libre, a Pedro le encanta leer muchas cosas diferentes: **libros** muy largos, **periódicos** y **revistas** de tendencias, de música y de moda.

este – this

compañero – partner

dependiente – shop assistant

tienda de ropa – clothes shop/store

pero – but

periodista – journalist

aprende (verb aprender) – he/she learns

moda – fashion

pantalones – trousers / pants

tiene que (verb tener que) – he/she has to

sale de fiesta (verb salir) – he/she goes to a party

camisa – shirt

puede (verb poder) – he/she is able to/can

ir a – to go to

zapatos – shoes

libros – books

periódicos – newspapers

revistas – magazines

Pedro y Juan van a un bar donde **quedan** normalmente con sus amigos. Pedro va a **conocer** a Tania, una chica **alemana** que trabaja con Juan. Tania es **rubia,** muy **alta** y **delgada**. Tiene los **ojos azules** y habla también inglés, español y alemán. Juan va a **presentarles**:

— J: Hola, Clara, **¿cómo estás?**

— T: Muy bien, ¿y tú?

— J: Bastante bien, pero un poco **cansado**. He trabajado mucho hoy.

— T: Sí, te entiendo. Nuestro trabajo es muy **duro**.

— J: **Mira**, Tania, este es Pedro.

— P: ¡Hola, Tania! **Encantado de conocerte**.

— T: **Igualmente**, Pedro.

quedan (verb quedar) – they meet

conocer – to know

Alemana – German

rubia – blonde

alta – tall

delgada – thin

ojos – eyes

azules – blue

presentar – introduce

¿Cómo estás? – How are you?

cansado – tired

duro – hard

mira – look

Encantado de conocerte. – Nice to meet you.

Igualmente. – Same to you.

El **camarero** del bar les atiende y Juan pide un **café con leche**, Tania un **zumo de naranja** y Pedro un **refresco de limón**. Es **martes** y por eso ninguno de ellos **bebe** nada con alcohol.

Cuando el camarero trae sus bebidas, oye que todos hablan español y se presenta, porque él también es español:

— C: ¡**Así que** también sois españoles! Yo soy Carlos, soy sevillano. He llegado a Londres este mes. **Un placer conoceros**.

camarero – waiter

café con leche – coffee with milk

zumo de naranja – orange juice

refresco de limón – lemon soda

Martes – Tuesday

bebe (verb beber) – they drink

así que – so

Un placer conoceros. – It's my pleasure to know you.

Hablan **durante** cinco minutos y Carlos explica que también es **aficionado** al fútbol como Juan así que quedan para ir a ver el **partido** del Madrid el **próximo sábado** en un bar. **Intercambian** sus números de teléfono:

4

— C: Mi número es 654312889 (seis, cinco, cuatro, tres, uno, dos, ocho, ocho, nueve). Trabajo **desde las 2 hasta las 8**. Puedes llamarme **antes** o **después** de esa hora.

— J: Perfecto. Te llamaré el **viernes**. **¡Nos vemos pronto!**

durante – during

aficionado – fan

partido – match

Sábado – Saturday

intercambian (verb intercambiar) – they exchange

desde las X hasta las Y – from X to Y

antes – before

después – later

Viernes – Friday

¡Nos vemos pronto! – See you soon!

Carlos tiene que volver al trabajo así que se **despide**:

— Hasta luego chicos. **¡Que aproveche! ¡Que tengáis un buen día!**

Piden **la cuenta** a otro camarero y se van del bar:

— **¿Cuánto es?**

— Son 20 libras.

— Aquí tiene. **Adiós.**

Se despiden:

— T: Bueno chicos. **¡Hasta la vista!**

— P y J: **Que vaya bien**, Tania.

despide (verb despedirse) – he/she says goodbye

¡Que aproveche! – Enjoy your drink/meal!

¡Que tengáis un buen día! – Have a good day!

la cuenta – the bill

¿Cuánto es? – How much is it?

Pedro y Juan **vuelven** a casa donde **se reúnen** con otro de sus compañeros de piso, Alberto. Es argentino, vive en Londres desde hace dos años y es **estudiante de Medicina**. Alberto les **recibe**:

— A: Hola, **tíos. ¿Cómo va todo?**

— P: Muy bien, hemos tomado algo con una amiga de Juan que es muy **simpática.**

— A: **¿Os apetece ver una película?**

— J: Claro. ¿Qué película vas a ver?

— A: Es una película de terror. **Trata de** un **mundo** en el que **la mayoría de** los hombres **se convierten** en zombis.

— J: Yo voy a dormir, **odio** las películas de terror. **¡Buenas noches!**

— A: Yo la veré contigo, he visto muchas películas **similares**.

vuelven (verb volver) – they come back/return

se reúnen (verb reunirse) – they meet

estudiante – student

medicina – medicine

recibe (verb recibir) – he/she receives

tíos – guys/ uncle

¿Cómo va todo? – How is everything going?

simpático – nice

¿Os apetece ver una película? – Would you like to see a movie?

trata de – it is about

mundo – world

la mayoría de – most of

se convierten (verb convertirse) – become/turn into

En la película **aparece** mucha **sangre** y los **actores** son generalmente muy **malos**. El **argumento** es muy simple. El **protagonista** es un actor muy famoso que ha ganado muchos **premios** pero en esta película no tiene un gran **papel**. **Termina** la película y es muy **tarde.** Son las dos de la **noche** y Juan tiene que **levantarse** pronto mañana, así que se va a dormir: **¡hasta mañana**, Alberto**!**

aparece (verb aparecer) – he/she appears

sangre – blood

actores – actors

malos – bad

argumento – plot

protagonista – main character

premios – awards

papel – role

termina (verb terminar) – he/she ends/finishes

tarde – late

levantarse – wake up

¡Hasta mañana! – Until tomorrow!

Al día siguiente, mientras desayuna, Xavier se despierta y desayuna con Juan. A Xavier **le encanta** la música y esa noche piensa ir a un **concierto** de su **grupo** favorito. Pensaba ir con su **novia** al concierto pero ella no puede ir porque está **ocupada** con sus **exámenes** de la universidad, así que le propone ir a Juan.

— Oye, Juan, ¿te apetece venir al concierto esta noche?

— ¿A qué hora es?

— A las 12, actúan tres grupos pero yo solo quiero ver a los últimos, los otros son muy aburridos.

— De acuerdo. Voy contigo. **¡Muchas gracias**, Xavier!

— **¡De nada!**

— **¡Nos vemos esta noche!**

Esa noche van al concierto. El concierto es en un bar que está en el centro de la ciudad. Es un bar muy pequeño y **oscuro** pero la cerveza es muy **barata**. Hay mucha gente. El **escenario** está a la **izquierda** y ellos están muy **cerca**. El concierto empieza pero Juan pronto se va a casa porque es muy **ruidoso** y no le gustan los grupos. Pero antes de irse, Xavier le presenta a una amiga a la que le gusta Juan.

— X: Juan, esta es mi amiga Ana. Es de Londres.

— J: Hola, Ana. Un placer conocerte.

— A: ¡Igualmente!

— J: **Espero que nos veamos pronto**.

le encanta (verb encantar) – he/she loves/really likes it

concierto – concert

grupo – band

novia – girlfriend

ocupada – busy

exámenes – exams

¡Muchas gracias! – Thank you very much!

¡De nada! – You are welcome!

¡Nos vemos esta noche! – See you tonight!

oscuro – dark

barata – cheap

escenario – stage

izquierda – left

cerca – close/ near to

ruidoso – noisy

Espero que nos veamos pronto – I hope to see you soon

El día siguiente es sábado y Juan va al partido de fútbol con Carlos, el chico al que conoció en el bar. Antes de ir le llama y le dice que se verán en un bar que hay **a dos calles** del estadio de fútbol. Hay mucha gente en la calle ese día y hay un ambiente muy **animado** por el partido. Juan está **nervioso** por el partido porque es un gran aficionado del **equipo** que juega, **tiene muchas ganas** de tomar unas cervezas y sentir la emoción del deporte. Carlos aparece y lleva una camiseta y una **bufanda** del equipo. Llegan al bar donde les esperan unos amigos de Carlos. Todos llevan puestas camisetas con nombres de **jugadores**. La gente, en general, está muy animada y miran la televisión **absortos**. El bar es muy grande y faltan 30 (treinta) minutos para el **principio** del partido. A la izquierda está la **barra** así que Juan y Carlos se sitúan allí para no tener que cruzar toda la masa de gente. **Piden** algo de beber y unas **patatas fritas**. Tienen que **gritar** para poder oírse pero ambos están muy contentos por la excitación del momento.

a dos calles – two streets away

animado – animated

nervioso – nervous

equipo – team

tiene muchas ganas (verb tener) – he/she is excited about

bufanda – scarf

jugadores – players

absortos – absorbed

barra – bar

piden (verb pedir) – they order

patatas fritas – chips / fries

gritar – to yell

Comentan el partido entre todos: "el nuevo jugador argentino **es mucho mejor que** el **anterior** delantero del equipo", "el árbitro **es más lento que** una tortuga", "**perdemos** muchos partidos y es normal. Este portero **es más viejo que** mi **abuelo**". **De repente**, un jugador del equipo español del que son aficionados Juan y Carlos **marca** el gol que les da la victoria y el bar completo se convierte en una celebración, todos están contentos, se **abrazan**, celebran y **aplauden** brindando con sus bebidas.

es mucho mejor – is better than

anterior – previous

es más lento que – is slower than

perdemos (verb perder) – we lose

es más viejo que – is older than

abuelo – grandfather

de repente – suddenly

marca (verb marcar) – he/she score

abrazan (verb abrazar) – they embrace/hug

aplauden (verb aplaudir) – they cheer

El partido termina entre las **sonrisas** de los aficionados. Son las 11 de la noche y Juan y Carlos se despiden y se van a casa porque mañana trabajan los dos.

— Bueno, Carlos, **lo he pasado muy bien**.

— Yo también, creo que tenemos que **repetir**lo.

— Claro, podemos quedar otra vez la **próxima** semana.

— **Por supuesto**. Bueno, tengo que irme, nos vemos pronto.

— Vale, llámame. **Hasta otra**.

Juan se va a su casa en metro. El metro **está lleno** de gente que también ha ido a ver el fútbol y siguen comentando jugadas. Juan llega a casa cansado pero muy contento por una buena semana en la que ha trabajado, ha hecho nuevos amigos y ha salido con ellos.

sonrisas – smiles

lo he pasado bien (verb pasar) – I had a good time/had fun

repetir – to repeat

próxima – next

por supuesto – of course

hasta otra – see you next time

está lleno – it is crowded

QUESTIONS/ PREGUNTAS

1) ¿De qué trabaja Juan?
   a) Es camarero
   b) Es cocinero
   c) Es periodista
   d) Es futbolista

2) ¿De dónde es Tania?
   a) De Alemania
   b) De Holanda
   c) De Francia
   d) De Almería

3) ¿De qué género es la película que mira Alberto?
   a) Es una comedia
   b) Es una película de dibujos animados
   c) Es una película de terror
   d) Es una película de acción

4) ¿A quién conoce Juan en el concierto?
   a) Al cantante del grupo principal
   b) A los camareros del bar
   c) Al portero del bar
   d) A Ana, amiga de Xavier

5) ¿Dónde ven Carlos y Juan el partido?
   a) En casa de Carlos
   b) En un bar
   c) En casa de Juan
   d) En el estadio

ANSWERS/ SOLUCIONES

1) B   2) A   3) C   4) D   5) B

RESUMEN

Juan es un chico español que trabaja en Londres como cocinero. Vive con tres amigos: Pedro, portugués, que es dependiente en una tienda y periodista; Alberto, un argentino que es estudiante de Medicina y le gustan las películas de terror; y Xavier, francés, a quien le encanta la música.

Un día Juan, con su compañera de trabajo, Tania, y Pedro, conocen a Carlos, un camarero español en Londres. A Carlos le gusta mucho el fútbol, como a Juan, y le propone ir juntos a ver el partido el sábado próximo.

Esa noche, Juan llega a casa y ve una película de terror con Alberto. Después se acuesta. Al día siguiente, Xavier le propone ir a un concierto. Esa noche van a un concierto y allí Juan conoce a Ana, amiga de Xavier. A Juan no le gusta el concierto y se va pronto a casa.

El sábado, Juan va a ver el partido con Carlos a un bar de aficionados que está lleno. Allí lo pasan muy bien y su equipo gana.

SUMMARY

Juan is a Spanish guy who works in London as a chef. He lives with three friends: Pedro, a Portuguese shop assistant and journalist; Alberto an Argentinean who is a medical student and likes horror movies; and Xavier, a French guy who loves music.

One day, Juan, his colleague Tania and Pedro meet Carlos, a Spanish waiter in London. Carlos likes football, as Juan does, and invites him to go together to see a match next Saturday.

That night, Juan arrives home and watches a horror movie with Alberto. He goes to bed right after. Next day, Xavier invites him to go to a concert. They go to the concert that night and Juan meets Ana, Xavier's friend. Juan doesn't like the concert so he goes home soon.

On Saturday, Juan goes to see the football match with Carlos at a crowded bar. They have fun and their team wins the game.

VOCABULARIO

¡Hola! – Hi/Hello!

¿Qué tal? – How are you?

me llamo (verb llamarse) – I am called

tengo X años (verb tener) – I am X years old

trabajo como (verb trabajar) – I work as

cocinero – chef

aburrido – boring

hablo (verb hablar) – I speak

comparto (verb compartir) – I share

piso – flat

en mi tiempo libre – In my free time

me gusta (verb gustar) – I like

me interesan (verb interesar) – I am interested in

deportes – sports

creo (verb creer) – I think/believe

este – this

compañero – partner

dependiente – shop assistant

tienda de ropa – clothes shop/store

pero – but

periodista – journalist

aprende (verb aprender) – he/she learns

moda – fashion

pantalones – trousers / pants

tiene que (verb tener que) – he/she has to

sale de fiesta (verb salir) – he/she goes to a party

camisa – shirt

puede (verb poder) – he/she is able to/can

ir a – to go to

zapatos – shoes

libros – books

periódicos – newspapers

revistas – magazines

quedan (verb quedar) – they meet

conocer – to know

Alemana – German

rubia – blonde

alta – tall

delgada – thin

ojos – eyes

azules – blue

presentar – introduce

¿Cómo estás? – How are you?

cansado – tired

duro – hard

mira – look

Encantado de conocerte. – Nice to meet you.

Igualmente. – Same to you.

camarero – waiter

café con leche – coffee with milk

zumo de naranja – orange juice

refresco de limón – lemon soda

Martes – Tuesday

bebe (verb beber) – they drink

así que – so

Un placer conoceros. – It's my pleasure to know you.

durante – during

aficionado – fan

partido – match

Sábado – Saturday

intercambian (verb intercambiar) – they exchange

desde las X hasta las Y – from X to Y

antes – before

después – later

Viernes – Friday

¡Nos vemos pronto! – See you soon!

despide (verb despedirse) – he/she says goodbye

¡Que aproveche! – Enjoy your drink/meal!

¡Que tengáis un buen día! – Have a good day!

la cuenta – the bill

¿Cuánto es? – How much is it?

vuelven (verb volver) – they come back/return

se reúnen (verb reunirse) – they meet

estudiante – student

medicina – medicine

recibe (verb recibir) – he/she receives

tíos – guys/ uncle

¿Cómo va todo? – How is everything going?

simpático – nice

¿Os apetece ver una película? – Would you like to see a movie?

trata de – it is about

mundo – world

la mayoría de – most of

se convierten (verb convertirse) – become/turn into

aparece (verb aparecer) – he/she appears

sangre – blood

actores – actors

malos – bad

argumento – plot

protagonista – main character

premios – awards

papel – role

termina (verb terminar) – he/she ends/finishes

tarde – late

levantarse – wake up

¡Hasta mañana! – Until tomorrow!

le encanta (verb encantar) – he/she loves/really likes it

concierto – concert

grupo – band

novia – girlfriend

ocupada – busy

exámenes – exams

¡Muchas gracias! – Thank you very much!

¡De nada! – You are welcome!

¡Nos vemos esta noche! – See you tonight!

oscuro – dark

barata – cheap

escenario – stage

izquierda – left

cerca – close/ near to

ruidoso – noisy

Espero que nos veamos pronto – I hope to see you soon

a dos calles – two streets away

animado – animated

nervioso – nervous

equipo – team

tiene muchas ganas (verb tener) – he/she is excited about

bufanda – scarf

jugadores – players

absortos – absorbed

barra – bar

piden (verb pedir) – they order

patatas fritas – chips / fries

gritar – to yell

es mucho mejor – is better than

anterior – previous

es más lento que – is slower than

perdemos (verb perder) – we lose

es más viejo que – is older than

abuelo – grandfather

de repente – suddenly

marca (verb marcar) – he/she score

abrazan (verb abrazar) – they embrace/hug

aplauden (verb aplaudir) – they cheer

sonrisas – smiles

lo he pasado bien (verb pasar) – I had a good time/had fun

repetir – to repeat

próxima – next

por supuesto – of course

hasta otra – see you next time

está lleno – it is crowded

TRANSLATION

¡Hola! ¿Qué tal? Me llamo Juan. Soy español, pero vivo en Londres. Tengo 27 (veintisiete) años. Trabajo aquí como cocinero. Mi trabajo es un poco aburrido porque todos los días preparo la misma comida para los clientes: arroz, carne, pescado, huevos... Además, yo soy vegetariano así que nunca como estas cosas.

Hablo tres idiomas: catalán, español e inglés. También estudio francés. Comparto piso con tres chicos más: Pedro, Alberto y Xavier.

Hello! How are you? I am called Juan. I am Spanish, but I live in London. I am 27 (twenty-seven) years old. I work here as a chef. My job is a bit boring because everyday I cook the same food for the customers: rice, meat, fish, eggs... Also, I am a vegetarian, so I never eat these things.

I speak three languages: Catalan, Spanish and English. I also study French. I share a flat with three other guys: Pedro, Alberto and Xavier.

En mi tiempo libre, me gusta salir a pasear en bicicleta o tocar la guitarra. Me gusta mucho la música rock. También me interesan otros deportes como el baloncesto o el fútbol. Creo que a todos los españoles nos gusta el futbol.

In my free time, I like to go for a bike ride or play the guitar. I like rock music very much. I am also interested in other sports such as basketball and soccer. I think that all Spaniards like soccer.

Este es mi compañero de piso, Pedro. Pedro es de Portugal. Tiene 25 (veinticinco). Él es dependiente en una tienda de ropa, pero también es periodista. A Pedro le gusta su trabajo porque allí habla con gente y aprende mejor el idioma. Como a Pedro también le gusta la moda, siempre sabe qué ropa está de moda en cada momento, los pantalones que tiene que vestir cuando sale de fiesta, las camisas que puede ponerse para ir a trabajar, qué zapatos ponerse cuando va a trabajar, etc.

En su tiempo libre, a Pedro le encanta leer muchas cosas diferentes: libros muy largos, periódicos y revistas de tendencias, de música y de moda.

This is my flat partner, Pedro. Pedro is from Portugal. He is 25 (twenty-five). He is a shop assistant in a clothes store, but he is also a journalist. Pedro likes his job because he has to talk to people there, that way he learns the language better. Since Pedro also likes fashion, he always knows what clothes are fashionable at the moment, the trousers he has to wear when he goes to a party, the shirts he can wear to go to work, what shoes to wear when he goes to work, etc.

In his free time, Pedro likes reading many different things: very long books, newspapers and and magazines of trends, music and fashion.

Pedro y Juan van a un bar donde quedan normalmente con sus amigos. Pedro va a conocer a Tania, una chica alemana que trabaja con Juan. Tania es rubia, muy alta y delgada. Tiene los ojos azules y habla también inglés, español y alemán. Juan va a presentarles:

— J: Hola, Clara, ¿cómo estás?

— T: Muy bien, ¿y tú?

— J: Bastante bien, pero un poco cansado. He trabajado mucho hoy.

— T: Sí, te entiendo. Nuestro trabajo es muy duro.

— J: Mira, Tania, este es Pedro.

— P: ¡Hola, Tania! Encantado de conocerte.

— T: Igualmente, Pedro.

Pedro and Juan go to a bar where they usually meet with their friends. Pedro is going to meet Tania, a German girl who works with Juan. Tania is blonde, very tall and thin. She has blue eyes and she also speaks English, Spanish and German. Juan is going to introduce them to each other:

— J: Hello, Clara, how are you?

— T: Very good, and you?

— J: Really good, but I am a little tired. I have worked quite a lot today.

— T: Yes, I totally understand. Our work is very hard.

— J: Look, Tania, this is Pedro.

— P: Hello, Tania! Pleasure to meet you.

— T: Same to you, Pedro.

El camarero del bar les atiende y Juan pide un café con leche, Tania un zumo de naranja y Pedro un refresco de limón. Es martes y por eso ninguno de ellos bebe nada con alcohol.

Cuando el camarero trae sus bebidas, oye que todos hablan español y se presenta, porque él también es español:

— C: ¡Así que también sois españoles! Yo soy Carlos, soy sevillano. He llegado a Londres este mes. Un placer conoceros.

The waiter of the bar serves them and Juan orders coffee with milk, Tania orders orange juice and Pedro a lemon soda. It is Tuesday and that is why none of them drink anything with alcohol.

When the waiter brings their drinks, he hears that everyone speaks Spanish and he introduces himself, because he is also Spanish:

— C: So, you are also Spanish! I am Carlos, I am Sevillian. I arrived in London this month. It's my pleasure to know you.

Hablan durante cinco minutos y Carlos explica que también es aficionado al fútbol como Juan así que quedan para ir a ver el partido del Madrid el próximo sábado en un bar. Intercambian sus números de teléfono:

— C: Mi número es 654312889 (seis, cinco, cuatro, tres, uno, dos, ocho, ocho, nueve). Trabajo desde las 2 hasta las 8. Puedes llamarme antes o después de esa hora.

— J: Perfecto. Te llamaré el viernes. ¡Nos vemos pronto!

During this time, they speak for five minutes and Carlos explains that he is also a soccer fan just like Juan, so they set up to go see Madrid's match next Saturday at a bar. They exchange their phone numbers:

— C: My number is 654312889 (six, five, four, three, one, two, eight, eight, nine). I work from 2 to 8. You can call me before or after that time.

— J: Perfect. I will call you on Friday. See you soon!

Carlos tiene que volver al trabajo así que se despide:

— Hasta luego chicos. ¡Que aproveche! ¡Que tengáis un buen día!

Piden la cuenta a otro camarero y se van del bar:

— ¿Cuánto es?

— Son 20 libras.

— Aquí tiene. Adiós.

Se despiden:

— T: Bueno chicos. ¡Hasta la vista!

— P y J: Que vaya bien, Tania.

Carlos has to go back to work, so he says goodbye:

— See you later guys. Enjoy your drinks! Have a nice day!

They ask another waiter for the bill and they leave the bar:

— How much is it?

— It is 20 pounds.

— Here you go. Goodbye.

They say goodbye:

— T: Alright guys. See you!

— P y J: Have a good one, Tania.

Pedro y Juan vuelven a casa donde se reúnen con otro de sus compañeros de piso, Alberto. Es argentino, vive en Londres desde hace dos años y es estudiante de Medicina. Alberto les recibe:

— **A: Hola, tíos. ¿Cómo va todo?**

— **P: Muy bien, hemos tomado algo con una amiga de Juan que es muy simpática.**

— **A: ¿Os apetece ver una película?**

— **J: Claro. ¿Qué película vas a ver?**

— **A: Es una película de terror. Trata de un mundo en el que la mayoría de los hombres se convierten en zombis.**

— **J: Yo voy a dormir, odio las películas de terror. ¡Buenas noches!**

— **A: Yo la veré contigo, he visto muchas películas similares.**

Pedro and Juan return home where they meet with another one of their flat mates, Alberto. He is Argentinian, he has lived in London for two years and he is a medical student. Alberto welcomes them:

— A: Hi, guys. How is everything going?

— P: Very good, we had some drinks with a very nice friend of Juan.

—A: Would you like to see a movie?

— J: Sure. What movie are you going to see?

— A: It is a horror movie. It is about a world in which most men turn into zombies.

— J: I am going to go to sleep, I hate horror movies. Goodnight!

— A: I'll watch it with you; I've seen many similar movies.

En la película aparece mucha sangre y los actores son generalmente muy malos. El argumento es muy simple. El protagonista es un actor muy famoso que ha ganado muchos premios, pero en esta película no tiene un gran papel. Termina la película y es muy tarde. Son las dos de la noche y Juan tiene que levantarse pronto mañana, así que se va a dormir: ¡hasta mañana, Alberto!

In the movie there appears to be a lot of blood and the actors are usually very bad. The plot is very simple. The main character is a very famous actor that has won many awards, but in this movie, he doesn't have a major role. The movie ends and it is very late. It is two o' clock in the night and Juan has to get up early tomorrow, so he goes to sleep: Until tomorrow, Alberto!

Al día siguiente, mientras desayuna, Xavier se despierta y desayuna con Juan. A Xavier le encanta la música y esa noche piensa ir a un concierto de su grupo favorito. Pensaba ir con su novia al concierto, pero ella no puede ir porque está ocupada con sus exámenes de la universidad, así que le propone ir a Juan.

— Oye, Juan, ¿te apetece venir al concierto esta noche?

— ¿A qué hora es?

— A las 12, actúan tres grupos, pero yo solo quiero ver a los últimos, los otros son muy aburridos.

— De acuerdo. Voy contigo. ¡Muchas gracias, Xavier!

— ¡De nada!

— ¡Nos vemos esta noche!

Esa noche van al concierto. El concierto es en un bar que está en el centro de la ciudad. Es un bar muy pequeño y oscuro pero la cerveza es muy barata. Hay mucha gente. El escenario está a la izquierda y ellos están muy cerca. El concierto empieza pero Juan pronto se va a casa porque es muy ruidoso y no le gustan los grupos. Pero antes de irse, Xavier le presenta a una amiga a la que le gusta Juan.

— X: Juan, esta es mi amiga Ana. Es de Londres.

— J: Hola, Ana. Un placer conocerte.

— A: ¡Igualmente!

— J: Espero que nos veamos pronto.

The next day, while he's having breakfast, Xavier wakes up and has breakfast with Juan. Xavier really loves music and that night he is thinking about going to a concert of his favorite band. He was thinking of going with his girlfriend to the concert, but she can't go because she is busy with her university exams, so he asks Juan to go with him.

— Hey, Juan, would you like to go to the concert this night?

— At what time is it?

— At 12, three other bands are performing but I only want to see the last ones, the others are very boring.

— Alright. I'll go with you. Thank you very much, Xavier!

— You are welcome!

— See you tonight!

That night they go to the concert. The concert is at a bar that is in the center of the city. It is a very small and dark bar, but the beer is very cheap. There are many people. The stage is on the left and they are very close to it. The concert starts but Juan goes home early because it is very noisy, and he doesn't like the bands. But before leaving, Xavier introduces Juan to a friend that really likes him.

— X: Juan, this is my friend Ana. She's from London.

— J: Hello, Ana. It is a pleasure to meet you.

— A: You too!

— J: I hope to see you soon!

El día siguiente es sábado y Juan va al partido de fútbol con Carlos, el chico al que conoció en el bar. Antes de ir le llama y le dice que se verán en un bar que hay a dos calles del estadio de fútbol. Hay mucha gente en la calle ese día y hay un ambiente muy animado por el partido. Juan está nervioso por el partido porque es un gran aficionado del equipo que juega, tiene muchas ganas de tomar unas cervezas y sentir la emoción del deporte. Carlos aparece y lleva una camiseta y una bufanda del equipo. Llegan al bar donde les esperan unos amigos de Carlos. Todos llevan puestas camisetas con nombres de jugadores. La gente, en general, está muy animada y miran la televisión absortos. El bar es muy grande y faltan 30 (treinta) minutos para el principio del partido. A la izquierda está la barra así que Juan y Carlos se sitúan allí para no tener que cruzar toda la masa de gente. Piden algo de beber y unas patatas fritas. Tienen

que gritar para poder oírse, pero ambos están muy contentos por la excitación del momento.

The next day is Saturday and Juan goes to the soccer match with Carlos, the guy he met at the bar. Before leaving, he calls and tells him that they will meet up at a bar that is two streets away from the soccer stadium. The streets are crowded that day and there's a very animated atmosphere for the match. Juan is nervous about the match because he's a big fan of the team that is playing; he really wants to drink some beers and feel the emotion of the team. Carlos shows up and he's wearing a shirt and a scarf of the team. They arrive at the bar where some friends of Carlos are waiting for them. They are all wearing shirts with the names of the players. People, in general, are very animated and are absorbed in watching the television. The bar is quite big and there are only 30 (thirty) minutes left until the match starts. The bar is on the left, so Juan and Carlos get there to avoid going through the crowd. They order something to drink and some fries. They have to yell to hear each other but they are both very happy for the excitement of the moment.

Comentan el partido entre todos: "el nuevo jugador argentino es mucho mejor que el anterior delantero del equipo", "el árbitro es más lento que una tortuga", "perdemos muchos partidos y es normal. Este portero es más viejo que mi abuelo". De repente, un jugador del equipo español del que son aficionados Juan y Carlos marca el gol que les da la victoria y el bar completo se convierte en una celebración, todos están contentos, se abrazan, celebran y aplauden brindando con sus bebidas.

They all comment on the match: "the new Argentinian player is better than the previous forward of the team", "the referee is slower that a turtle", "we lose many matches and it is normal. This goalkeeper is older than my grandfather". Suddenly, a player of the Spaish team that Juan and Carlos are fans of scores a goal that gives them a sense of victory and the whole bar turns into a celebration, everyone is happy, they hug, celebrate and cheer toasting with their drinks.

El partido termina entre las sonrisas de los aficionados. Son las 11 de la noche y Juan y Carlos se despiden y se van a casa porque mañana trabajan los dos.

— Bueno, Carlos, lo he pasado muy bien.

— Yo también, creo que tenemos que repetirlo.

— Claro, podemos quedar otra vez la próxima semana.

— Por supuesto. Bueno, tengo que irme, nos vemos pronto.

— Vale, llámame. Hasta otra.

Juan se va a su casa en metro. El metro está lleno de gente que también ha ido a ver el fútbol y siguen comentando jugadas. Juan llega a casa cansado pero muy contento por una buena semana en la que ha trabajado, ha hecho nuevos amigos y ha salido con ellos.

The match ends between the smiles of the fans. It is 11 at night and Juan and Carlos say goodbye and go home because they both work tomorrow.

— Alright, Carlos, I had so much fun.

— Me too, I think we have to repeat it.

— Of course, we can meet up again next week.

— For sure! Well, I have to go, see you soon.

— Okay, call me. See you next time.

Juan goes home by subway. The subway is crowded with people who have also gone to see the match and they continue to comment on the plays. Juan arrives home feeling very tired but also very happy for having such a good week in which he worked, made new friends and went out with them.

María va al cine casi todas las semanas. Es un poco **regordeta** y tiene el pelo muy rojo. Todos los trabajadores del cine **se acuerdan** de ella.

Su **género** preferido es el terror, aunque también le gustan mucho las comedias románticas.

María siempre se imagina que es la **actriz protagonista** en una película de Leo Díaz **basada en un libro**. Ella interpreta a una inocente **bibliotecaria,** muy alta y delgada, que se enamora de él en un viaje por África. Leo es un actor muy guapo, moreno y con los dientes blancos y **rectos**. Es un famoso **galán** de Hollywood.

regordeta – chubby

se acuerdan (verb. acordarse) – they remember

género – genre

actriz protagonista – main actress

basada en un libro – based on a book

bibliotecaria – librarian

rectos – straight

galán – ladies' man

En **taquilla**, la **taquillera** la saluda alegre. Es una chica joven negra muy **pecosa** y simpática.

— Hola, María. ¿Qué vas a ver hoy?

— Quiero una **entrada** para la **sala** 2, por favor. La de los **boxeadores**.

— ¿Para la **sesión** de las 8 en punto?

— Sí, gracias.

— Son 8.50€. Hoy es más barato porque es el **día del espectador.**

— ¡Qué bien! Con el dinero que me **sobra** compraré **palomitas**.

Maria camina por el **vestíbulo**. Ve un **cartel**. Esta noche se **estrena** una **película bélica** en ese cine. El director y el **guionista** vendrán a presentarla.

Quizá se quede a la **sesión golfa** para verla. María está muy ilusionada. El cine de guerra no le gusta mucho, pero el director es muy famoso. Ha ganado un Óscar.

taquilla – box office

taquillera – box office clerk

pecosa – freckled

entrada – ticket

sala – screen, auditorium

boxeador – boxer

sesión – showing, screening

día del espectador – discount day (spectator's day)

sobra (sobrar) – is left over (to be left over, to exceed)

palomitas – popcorn

vestíbulo – hall

cartel – poster

estrena (estrenar) – premieres (to premiere)

película bélica – war film

guionista – screenwriter, scriptwriter

sesión golfa (colloquial) – late night showing

Normalmente, María no compra comida en el cine porque es muy **cara**, y se lleva caramelos de café de casa **escondidos** en el bolso. Pero hoy es un día especial, así que compra palomitas con mantequilla y sal y una limonada.

Hay un chico al que no conoce que está cortando entradas. Su pelo es un poco largo y tiene los ojos y la nariz muy grandes. Es bajito y delgado. Parece un **ayudante** de Papá Noel.

— **Disfrute** de la película.

— Muchas gracias. Usted también.

María se **sonroja** de **vergüenza**.

La sala número 2 está al final del pasillo a la derecha. Cuando abre la puerta del auditorio, los **focos** se apagan y empiezan los anuncios. Un coche grande y brillante aparece en la pantalla. La música está muy fuerte. Le pregunta al **acomodador** si podrían **bajar el volumen**. Le duelen los oídos.

cara – expensive

escondidos – hidden

ayudante – helper

disfrute – enjoy

sonrojarse – to blush

vergüenza – embarrassment

focos – lightbulbs

acomodador – attendant, usher (theater)

bajar el volumen – to turn the volume down

La sala está muy oscura y no puede leer su **entrada numerada**.

El acomodador usa su **linterna** y la acompaña hasta su asiento. Es una **butaca** muy cómoda y está en el centro de la sala. La película empezará pronto.

Hoy va a ver una película de acción. Cinco hombres con el pelo corto y muchos tatuajes en sus brazos **disparan** desde un **coche en marcha**. Todos visten chaquetasde **cuero**. Son muy **masculinos**.

entrada numerada – numbered ticket

linterna – flashlight

butaca – theater seat

disparan (disparar) – shoot (to shoot)

coche en marcha – moving car

cuero – leather

masculino – masculine

María preferiría ver una **telenovela** con Leo Díaz. Sería mucho más **entretenida**.

De repente, María necesita ir al baño. Se ha terminado su refresco demasiado rápido. ¡Es una urgencia! El señor de al lado, enfadado, levanta sus piernas para dejarla pasar.

— Lo siento —dice María **en voz baja**. No quiere **molestar** a los espectadores.

Sin querer, tira las palomitas al suelo de **moqueta**. ¡Qué vergüenza! Las pisa y hace mucho ruido. Se va rápidamente al baño. Cuando sale, vuelve a mirar el cartel del estreno. Está muy **ilusionada**. Nunca ha conocido a ningún famoso.

"Seguro que son muy elegantes y educados" —piensa.

Regresa a la sala. El señor de al lado la mira **malhumorado** cuando pisa las palomitas para volver a su asiento.

— Lo siento —María se **disculpa** otra vez.

telenovela – soap opera

entretenida – entertaining

en voz baja – softly, quietly

molestar – to bother

moqueta – carpet

ilusionada – excited

malhumorado – bad-tempered

se disculpa (disculparse) – apologizes (to apologize)

La película es muy aburrida. Sólo hay **disparos**, hombres musculosos boxeando y **carreras** de coches. Odia las películas de acción, y ésta era muy mala. María quiere irse a casa y ver una **peli de miedo** con su gato gris de pelo largo llamado Fantasma.

Aunque María va mucho al cine, también se **descarga** algunas películas de Internet o las **alquila** en su **televisión de pago**. Le gusta beber chocolate caliente, ver la tele y **abrazar** a Fantasma cuando están solos en casa. Su novio, Ramón, prefiere leer en su dormitorio.

disparo – gunshot

musculoso – muscular

carreras – races

peli de miedo – horror movie

descarga (descargar) – downloads (to download)

televisión de pago – pay television

abrazar – to hold, to embrace

María mira la pantalla y lee los **títulos de crédito**. Las luces se encienden y la gente se levanta con rapidez. Ella prefiere **quedarse** hasta el final para no tener que hacer **cola** para salir. Cuando se va, el chico con cara de elfo entra para limpiar la sala.

— ¿Le ha gustado la película? El año que viene estrenan la **secuela**.

— Mmm, sí —**mintió** María.

María está en el vestíbulo pensando. Quiere quedarse al estreno, pero es tarde, tiene sueño y no quiere **quedarse dormida** durante la proyección. Le daría mucha vergüenza.

títulos de crédito – end credits

quedarse – to stay

cola – queue

elfo – elf

secuela – sequel

mintió (mentir) – lied (to lie)

quedarse dormida – to fall asleep

Decide comprar una entrada. ¡No se conoce a un famoso director todos los días!

— Sólo hay asientos en la **última fila**.

— Vale.

— Son 18€.

— ¿Por qué? —contesta María, muy sorprendida —Creía que hoy era el día del espectador.

— Sí, pero es una sesión especial y es más cara.

— No llevo tanto dinero en **efectivo**. ¿Puedo pagar con **tarjeta**?

— Por supuesto.

última fila – last row

efectivo – cash

tarjeta – card

En media hora empezará la película, pero las puertas de la sala todavía no están abiertas. Los **cineastas** deben de estar dentro ya. Hay una cola muy larga para entrar.

María está muy nerviosa y se compra una bolsa de **kikos**. Cuando está nerviosa **tiene hambre**. Mira el cartel de una película en tres dimensiones. Los actores principales se abrazan **rodeados** de **tiburones**. La actriz es muy delgada y guapa. En otro cartel hay dos hombres calvos, con gafas de sol y **pistolas** y un perro policía.

María termina su bolsa de **maíz** y se siente triste. Quiere ir al baño a **peinarse** un poco. ¡Seguro que su pelo es un desastre! Pero también hay cola para entrar. Sin embargo, los servicios de caballeros...

Sin que nadie la vea, entra y cierra la puerta. Los baños de mujeres siempre están llenos y los de hombres siempre están vacíos.

cineastas – film-maker

kikos – toasted corn

tiene hambre (tener hambre) – is hungry (to be hungry)

rodeados – surrounded

tiburones – sharks

pistolas – guns

maíz – corn, maize

peinarse – to brush

Frente al espejo hay un hombre muy alto. Tiene el pelo negro, los ojos grandes y verdes y los dientes muy blancos y rectos. María no puede hablar. ¿Es él? Está muy impresionada. No puede ser él. Es mucho más **atractivo** en persona. María tiene la cara roja. Es muy **tímida** y no sabe qué decir.

— Hola. Creo que usted no debe entrar aquí.

— Leo sonríe.

— ¿Ha venido por el estreno?

— Sí. Perdone... quería peinarme.

— ¿Por qué? Está usted muy guapa así.

Los dos se ríen. María está menos nerviosa ahora. Está feliz. Esto es mejor que estar en casa abrazando a su gato mientras Ramón lee. Es mucho más **excitante**.

— Soy amigo del director, he venido con él. ¿Le gusta este tipo de cine? A mí me encanta. El cine bélico y el de acción son mis favoritos, aunque siempre interpreto a personajes de película romántica. Pero es mejor que el cine de terror. Lo odio.

— ¿De verdad? ¿No le gustan las comedias románticas?

— No. Siempre **interpreto** el mismo **papel**. Soy un **seductor**, en un país **remoto** con una inocente **damisela en apuros**. Es muy aburrido. ¿Quiere acompañarme? Le presentaré al director.

atractivo – attractive

tímida – shy

interpreto (interpretar) – play (to play)

excitante – exciting, stimulating

papel – role

seductor – seducer

remoto – distant

damisela en apuros – damsel in distress

presentaré – will introduce (to introduce)

María está ilusionada, pero también **decepcionada**. Leo es muy agradable, pero no es el hombre de sus sueños. Prefiere al Leo de la **gran pantalla**.

En la sala, la audiencia **aplaude**. Están ansiosospor ver la película. El director viste unos **pantalones vaqueros rotos** y una camiseta vieja**.** Es muy poco elegante y parece **sucio**. Los saluda con la **boca llena** de nachos. El guionista está sentado en la filatres**,** con los pies en el **respaldo** del asiento de delante. Es muy **maleducado**. **Detrás de las cámaras**, la gente es distinta. María está cansada y quiere ver la película e irse a casa.

decepcionada – disappointed

gran pantalla – big screen

aplaude (aplaudir) – clap, applaud (to clap, to applaud)

pantalones vaqueros rotos – ripped jeans

boca llena – full mouth

respaldo – back of the seat

maleducado – rude

detrás de las camaras – behind the cameras

La película es **en blanco y negro**. Hay una **secuencia** muy larga donde sólo hay un hombre **tocando** el violín. El hombre llora y cambian de **plano**. Un soldado llora escuchando al hombre tocar. Es muy **dramático.**

María mira su reloj. Es la 1 de la mañana. La película es muy larga.

El soldado sigue llorando. Un guerrero grita. La **banda sonora** es muy bonita pero muy lenta. Parece una **nana**. María cierra los ojos.

"Sólo un segundo" — piensa.

María despierta. Estaba **roncando**. El director la mira furioso**.** María se levanta lentamente y sale de la sala. Cuando llega al vestíbulo, empieza a correr. Quiere llegar a casa enseguida. **Echa de menos** a Fantasma y a Ramón.

en blanco y negro – in black and white

secuencia – sequence

tocar (music) – to play

dramático – shocking

plano – shot

banda sonora – soundtrack

nana – lullaby

roncando (roncar) – snoring (to snore)

echa de menos (echar de menos) – misses (to miss)

En su piso, Ramón la espera en la cocina.

— He hecho chocolate caliente. ¿Quieres un poco? **Estaba a punto** de irme a leer al dormitorio.

María lo abraza muy fuerte. Quiere una taza de chocolate caliente, y dormir mientras Ramón lee una novela **de misterio.** Se ponen el pijama y María empieza a roncar. Ramón sonríe y **pasa de página.** Esto es mucho mejor que ir al cine y ver a gente famosa. En este libro, él viaja por África con una tímida, pelirroja y regordeta bibliotecaria.

estaba a punto (estar a punto) – was about (to be about)

de misterio – mystery

pasa de página (pasar) – turns the page (to turn)

QUESTIONS/ PREGUNTAS

1) ¿Cuál es el género de cine preferido de María?
   a) Terror
   b) Ciencia ficción
   c) Bélico
   d) Comedia romántica

2) ¿Qué comida compra María normalmente en el cine?
   a) Palomitas
   b) Limonada
   c) Las dos cosas
   d) Ninguna de las anteriores

3) ¿Cómo se llama el novio de María?
   a) Leo Díaz
   b) Ramón
   c) Fantasma
   d) No se sabe

4) ¿Con quién se encuentra María en el baño del cine?
   a) Con el director de la película de estreno
   b) Con un antiguo amigo
   c) Con un famoso galán de Hollywood
   d) Con su novio

5) ¿Qué le ocurre a María durante la proyección del estreno?
   a) Se asusta
   b) Se queda dormida
   c) Se hace amiga del director
   d) Llora

ANSWERS/ SOLUCIONES

1) A   2) D   3) B   4) C   5) B

RESUMEN

María va a menudo al cine. A ella le encantan las películas de terror y las comedias románticas. Ella sueña con aparecer en una película con un actor muy famoso. Ese día, tras ver una película muy aburrida, ella se queda en el cine para ver una sesión nocturna de una nueva película. El director y el guionista van a estar allí. Mientras hace cola, ella se pone nerviosa así que va al baño de mujeres para peinarse, pero hay mucha gente, por lo que entra en su lugar al de hombres. Allí, ella conoce a su actor favorito, y descubre que, a pesar de ser encantador, no es como el hombre con el que ella fantasea. María se queda durmiendo durante el estreno y empieza a roncar, por lo que el director se enfada con ella. María se va a casa con su novio, que estaba leyendo y soñando despierto con ella.

SUMMARY

María goes quite often to the cinema. She loves horror films and romantic comedies. She daydreams about being in a film with a very famous actor. That day, after watching a very boring film, she stays at the cinema to watch a late night showing of a new film. The director and the scriptwriter are going to be there. While waiting in line, she gets anxious so she goes to the ladies' restroom to brush her hair, but it's full, so she goes to the men instead. There she meets her favourite actor and discovers that, despite being charming, he's not at all like the one she fantasizes about. She falls asleep during the premiere and starts snoring, so the director gets angry at her. She goes home with her boyfriend, who would rather be reading and daydreaming about her.

VOCABULARIO

regordeta – chubby

se acuerdan (verb. acordarse) – they remember

género – genre

actriz protagonista – main actress

basada en un libro – based on a book

bibliotecaria – librarian

rectos – straight

galán – ladies' man

taquilla – box office

taquillera – box office clerk

pecosa – freckled

entrada – ticket

sala – screen, auditorium

boxeador – boxer

sesión – showing, screening

día del espectador – discount day (spectator's day)

sobra (sobrar) – is left over (to be left over, to exceed)

palomitas – popcorn

vestíbulo – hall

cartel – poster

estrena (estrenar) – premieres (to premiere)

película bélica – war film

guionista – screenwriter, scriptwriter

sesión golfa (colloquial) – late night showing

cara – expensive

escondidos – hidden

ayudante – helper

disfrute – enjoy

sonrojarse – to blush

vergüenza – embarrassment

focos – lightbulbs

acomodador – attendant, usher (theater)

bajar el volumen – to turn the volume down

entrada numerada – numbered ticket

linterna – flashlight

butaca – theater seat

disparan (disparar) – shoot (to shoot)

coche en marcha – moving car

cuero – leather

masculino – masculine

telenovela – soap opera

entretenida – entertaining

en voz baja – softly, quietly

molestar – to bother

moqueta – carpet

ilusionada – excited

malhumorado – bad–tempered

se disculpa (disculparse) – apologizes (to apologize)

disparo – gunshot

musculoso – muscular

carreras – races

peli de miedo – horror movie

descarga (descargar) – downloads (to download)

televisión de pago – pay television

abrazar – to hold, to embrace

títulos de crédito – end credits

quedarse – to stay

cola – queue

elfo – elf

secuela – sequel

mintió (mentir) – lied (to lie)

quedarse dormida – to fall asleep

última fila – last row

efectivo – cash

tarjeta – card

cineastas – film–maker

kikos – toasted maize

tiene hambre (tener hambre) – is hungry (to be hungry)

rodeados – surrounded

tiburones – sharks

pistolas – guns

maíz – corn, maize

peinarse – to brush

atractivo – attractive

tímida – shy

interpreto (interpretar) – play (to play)

excitante – exciting, stimulating

papel – role

seductor – seducer

remoto – distant

damisela en apuros – damsel in distress

presentaré – will introduce (to introduce)

decepcionada – disappointed

gran pantalla – big screen

aplaude (aplaudir) – clap, applaud (to clap, to applaud)

pantalones vaqueros rotos – ripped jeans

boca llena – full mouth

respaldo – back of the seat

maleducado – rude

detrás de las camaras – behind the cameras

en blanco y negro – in black and white

secuencia – sequence

tocar (music) – to play

dramático – shocking

plano – shot

banda sonora – soundtrack

nana – lullaby

roncando (roncar) – snoring (to snore)

echa de menos (echar de menos) – misses (to miss)

estaba a punto (estar a punto) – was about (to be about)

de misterio – mystery

pasa de página (pasar) – turns the page (to turn)

TRANSLATION

María va al cine casi todas las semanas. Es un poco regordeta y tiene el pelo muy rojo. Todos los trabajadores del cine se acuerdan de ella.

Su género preferido es el terror, aunque también le gustan mucho las comedias románticas.

María siempre se imagina que es la actriz protagonista en una película de Leo Díaz basada en un libro. Ella interpreta a una inocente bibliotecaria, muy alta y delgada, que se enamora de él en un viaje por África. Leo es un actor muy guapo, moreno y con los dientes blancos y rectos. Es un famoso galán de Hollywood.

Maria goes to the movies almost every week. She is a bit chubby and has very red hair. All the employees at the movies remember her.

Her favorite genre is horror, although she also enjoys romantic comedies very much.

Maria always imagines that she is the main actress in a Leo Díaz film based on a book. She plays an innocent librarian, very tall and thin, who falls in love with him on a trip to Africa. Leo is a very handsome actor, tanned and has white and straight teeth. He is a famous Hollywood ladies' man.

En la taquilla, la taquillera la saluda alegre. Es una chica joven negra muy pecosa y simpática.

— Hola, María. ¿Qué vas a ver hoy?

— Quiero una entrada para la sala 2, por favor. La de los boxeadores.

— ¿Para la sesión de las 8 en punto?

— Sí, gracias.

— Son 8.50€. Hoy es más barato porque es el día del espectador.

— ¡Qué bien! Con el dinero que me sobra compraré palomitas.

Maria camina por el vestíbulo. Ve un cartel. Esta noche se estrena una película bélica en ese cine. El director y el guionista vendrán a presentarla.

Quizá se quede a la sesión golfa para verla. María está muy ilusionada. El cine de guerra no le gusta mucho, pero el director es muy famoso. Ha ganado un Óscar.

At the box office, the box office clerk cheerfully greets her. She is young black girl, very fleckled and nice.

— Hi, Maria. What will you see today?

— I want a ticket for auditorium 2, please. The one about the boxers.

— For the 8 o' clock screening?

— Yes, thank you.

— It would be 8.50€. Today is cheaper because it is spectator's day.

— Cool! With the money that I have left over I will buy popcorn.

Maria walks down the hall. She sees a poster. This night a war film premieres in that cinema. The director and screenwriter will come to present it.

She may stay to the late-night screening to see it. Maria is very excited. She doesn't like war films that much, but the director is very famous. He has won an Oscar.

Normalmente, María no compra comida en el cine porque es muy cara, y se lleva caramelos de café de casa escondidos en el bolso. Pero hoy es un día especial, así que compra palomitas con mantequilla y sal y una limonada.

Hay un chico al que no conoce que está cortando entradas. Su pelo es un poco largo y tiene los ojos y la nariz muy grandes. Es bajito y delgado. Parece un ayudante de Papá Noel.

— Disfrute de la película.

— Muchas gracias. Usted también.

María se sonroja de vergüenza.

La sala número 2 está al final del pasillo a la derecha. Cuando abre la puerta del auditorio, los focos se apagan y empiezan los anuncios. Un coche grande y brillante aparece en la pantalla. La música está muy fuerte. Le pregunta al acomodador si podrían bajar el volumen. Le duelen los oídos.

Normally, Maria doesn't buy food at the cinema because it is very expensive, and she takes coffee caramels from home hidden in her purse. But today is a special day, so she buys buttered popcorn with salt and a lemonade.

There's a guy that she doesn't know who is cutting the tickets. His hair is a little long and he's got very big eyes and a big nose. He is short and thin. He looks like one of Santa's helpers.

— Enjoy the film.

— Thanks. You too.

Maria blushes with embarrassment.

The auditorium number 2 is at the end of the hall on the right. When she opens the door of the auditorium, the spotlights go out and the announcements begin. A large and shiny car appears on the screen. The music is very loud. She asks the attendant if they could lower the volume. Her ears hurt.

La sala está muy oscura y no puede leer su entrada numerada.

El acomodador usa su linterna y la acompaña hasta su asiento. Es una butaca muy cómoda y está en el centro de la sala. La película empezará pronto.

Hoy va a ver una película de acción. Cinco hombres con el pelo corto y muchos tatuajes en sus brazos disparan desde un coche en marcha. Todos visten chaquetasde cuero. Son muy masculinos.

The auditorium is very dark, and she can't read her ticket number.

The attendant uses his flashlight and escorts her to her seat. It is a very comfortable theater seat and it is right at the center of the auditorium. The film will shortly begin.

Today she is going to watch an action movie. Five men with short hair and many tattoos on their arms shoot from a moving car. They all wear leather jackets. They are very masculine.

María preferiría ver una telenovela con Leo Díaz. Sería mucho más entretenida.

De repente, María necesita ir al baño. Se ha terminado su refresco demasiado rápido. ¡Es una urgencia! El señor de al lado, enfadado, levanta sus piernas para dejarla pasar.

— Lo siento —dice María en voz baja. No quiere molestar a los espectadores.

Sin querer, tira las palomitas al suelo de moqueta. ¡Qué vergüenza! Las pisa y hace mucho ruido. Se va rápidamente al baño. Cuando sale, vuelve a mirar el cartel del estreno. Está muy ilusionada. Nunca ha conocido a ningún famoso.

"Seguro que son muy elegantes y educados" —piensa.

Regresa a la sala. El señor de al lado la mira malhumorado cuando pisa las palomitas para volver a su asiento.

— Lo siento —María se disculpa otra vez.

Maria would rather watch a soap opera with Leo Díaz. It would be much more entertaining. Suddenly, Maria needs to go to the restroom. She finished up her soda too quickly. It is an emergency! The man on the side who is bothered, raises his legs to let her through.

— I am sorry— María says softly. She doesn't want to bother the spectators.

Unintentionally, she drops the popcorn on the carpet. So embarrassing! She steps on them and makes a lot of noise. She quickly goes to the restroom. When she gets out, she looks again at the poster of the premiere. She is really excited. She has never met anyone famous before.

"I'm sure they are very elegant and educated" — she thinks.

She returns to the auditorium. The man on the side stares at her ill tempered when she steps again on the popcorn while going back to her seat.

— I am sorry —Maria apologizes again.

La película es muy aburrida. Sólo hay disparos, hombres musculosos boxeando y carreras de coches. Odia las películas de acción, y ésta era muy mala. María quiere irse a casa y ver una peli de miedo con su gato gris de pelo largo llamado Fantasma.

Aunque María va mucho al cine, también se descarga algunas películas de Internet o las alquila en su televisión de pago. Le gusta beber chocolate caliente, ver la tele y abrazar a Fantasma cuando están solos en casa. Su novio, Ramón, prefiere leer en su dormitorio.

The movie is very boring. There are only gunshots, muscular men boxing and car races. She hates action movies, and this one was very bad. Maria wants to go home and watch a horror movie with her long-haired gray cat called Fantasma.

Even though Maria goes to the moviesma lot, she also downloads some movies from the internet, or she rents them on her pay television. She likes to drink hot chocolate, watch TV and embrace Fantasma when they are alone at home. Her boyfriend, Ramón, prefers to read in his bedroom.

María mira la pantalla y lee los títulos de crédito. Las luces se encienden y la gente se levanta con rapidez. Ella prefiere quedarse hasta el final para no tener que hacer cola para salir. Cuando se va, el chico con cara de elfo entra para limpiar la sala.

— ¿Le ha gustado la película? El año que viene estrenan la secuela.

— Mmm, sí —mintió María.

María está en el vestíbulo pensando. Quiere quedarse al estreno, pero es tarde, tiene sueño y no quiere quedarse dormida durante la proyección. Le daría mucha vergüenza.

Maria looks at the screen and reads the end credits. The lights come on and people get up quickly. She prefers to stay until the end, so she does not have to stand in a line to leave. When she leaves, the elf faced boy comes in to clean up the auditorium.

— Have you enjoyed the film? Next year the sequel is coming out.

— Mmm, yes — Maria lied.

Maria is in the lobby thinking. She wants to stay to the premiere, but it is already late, she's sleepy and doesn't want to fall asleep during the screening. She would be so embarrassed.

Decide comprar una entrada. ¡No se conoce a un famoso director todos los días!

— **Sólo hay asientos en la última fila.**

— **Vale.**

— **Son 18€.**

— **¿Por qué? —contesta María, muy sorprendida —Creía que hoy era el día del espectador.**

— **Sí, pero es una sesión especial y es más cara.**

— **No llevo tanto dinero en efectivo. ¿Puedo pagar con tarjeta?**

— **Por supuesto.**

She decides to buy a ticket. She doesn't get to meet a famous director everyday!

— There are only available seats in the last row.

— Alright.

— It is 18€.

— Why? —answers Maria, very surprised —I thought today was spectator's day.

— Yes, but this is a special screening and it is more expensive.

— I don't have that much money in cash. Can I pay with card?

— Of course!

En media hora empezará la película, pero las puertas de la sala todavía no están abiertas. Los cineastas deben de estar dentro ya. Hay una cola muy larga para entrar.

María está muy nerviosa y se compra una bolsa de kikos. Cuando está nerviosa tiene hambre. Mira el cartel de una película en tres dimensiones. Los actores principales se abrazan rodeados de tiburones. La actriz es muy delgada y guapa. En otro cartel hay dos hombres calvos, con gafas de sol y pistolas y un perro policía.

María termina su bolsa de maíz y se siente triste. Quiere ir al baño a peinarse un poco. ¡Seguro que su pelo es un desastre! Pero también hay cola para entrar. Sin embargo, los servicios de caballeros...

Sin que nadie la vea, entra y cierra la puerta. Los baños de mujeres siempre están llenos y los de hombres siempre están vacíos.

The movie will start in half an hour, but the doors of the auditorium are still not open. The film makers must be inside already. There is a long line to enter.

Maria is very nervous and buys a bag of toasted corn. When she's nervous she gets hungry. She looks at the poster of a three-dimensional movie. The main characters embrace surrounded by sharks. The actress is thin and beautiful. In other poster there are two bald men, with sunglasses and guns and a police dog.

Maria finishes up her bag of corn and feels sad. She wants to go to the restroom to brush her hair a little. Surely her hair is a mess! But there is also a line to go in. However, the men's restrooms...

With no one watching, she goes in and closes the door. Ladies' restrooms are always crowded, and men are always empty.

Frente al espejo hay un hombre muy alto. Tiene el pelo negro, los ojos grandes y verdes y los dientes muy blancos y rectos. María no puede hablar. ¿Es él? Está muy impresionada. No puede ser él. Es mucho más atractivo en persona. María tiene la cara roja. Es muy tímida y no sabe qué decir.

— Hola. Creo que usted no debe entrar aquí. — Leo sonríe. — ¿Ha venido por el estreno?

— Sí. Perdone... quería peinarme.

— ¿Por qué? Está usted muy guapa así.

Los dos se ríen. María está menos nerviosa ahora. Está feliz. Esto es mejor que estar en casa abrazando a su gato mientras Ramón lee. Es mucho más excitante.

— Soy amigo del director, he venido con él. ¿Le gusta este tipo de cine? A mí me encanta. El cine bélico y el de acción son mis favoritos, aunque siempre interpreto a personajes de película romántica. Pero es mejor que el cine de terror. Lo odio.

— ¿De verdad? ¿No le gustan las comedias románticas?

— No. Siempre interpreto el mismo papel. Soy un seductor, en un país remoto con una inocente damisela en apuros. Es muy aburrido. ¿Quiere acompañarme? Le presentaré al director.

In front of the mirror there is a very tall man. He has black hair, big green eyes and very straight white theeth. Maria can't speak. Is that him? She is very impressed. It can't be him. He's much more attractive in person. Maria has a red face. She is very shy and doesn't know what to say.

— Hello. I think you shouldn't enter here. — Leo smiles. — Are you here for the premiere?

— Yes. I am sorry... I wanted to brush my hair.

— Why? You are very pretty just like that.

Both of them laugh. Maria is less nervous now. She is happy. This is better than being home hugging her cat while Ramón reads. This is much more exciting.

— I am a friend of the director; I have come with him. Do you like this type of films? I love it. War and action films are my favorite, even though I always play characters in romantic movies. But that is better than horror films. I hate them.

— For real? Don't you like romantic comedies?

— No. I always play the same role. I am a seducer, in a distant country with an innocent damsel in distress. It is very boring. Would you like to join me? I will introduce you to the director.

María está ilusionada, pero también decepcionada. Leo es muy agradable, pero no es el hombre de sus sueños. Prefiere al Leo de la gran pantalla.

En la sala, la audiencia aplaude. Están ansiosospor ver la película. El director viste unos pantalones vaqueros rotos y una camiseta vieja. Es muy poco elegante y parece sucio. Los saluda con la boca llena de nachos. El guionista está sentado en la fila tres, con los pies en el respaldo del asiento de delante. Es muy maleducado. Detrás de las cámaras, la gente es distinta. María está cansada y quiere ver la película e irse a casa.

Maria is excited, but also disappointed. Leo is very nice, but he is not the man of her dreams. He prefers the Leo from the big screen.

In the auditorium, the audience applauds. They are anxious to see the movie. The director is wearing ripped jeans and an old shirt. He is not very elegant and looks dirty. He greets them with his mouth full of nachos. The screenwriter is sitting in the third row, with his feet on the back of the seat in front. He is very rude. Behind the cameras, people are different. Maria is tired and she wants to see the movie and go home.

La película es en blanco y negro. Hay una secuencia muy larga donde sólo hay un hombre tocando el violín. El hombre llora y cambian de plano. Un soldado llora escuchando al hombre tocar. Es muy dramático.

María mira su reloj. Es la 1 de la mañana. La película es muy larga.

El soldado sigue llorando. Un guerrero grita. La banda sonora es muy bonita pero muy lenta. Parece una nana. María cierra los ojos.

"Sólo un segundo" — piensa.

María despierta. Estaba roncando. El director la mira con furia. María se levanta lentamente y sale de la sala. Cuando llega al vestíbulo, empieza a correr. Quiere llegar a casa enseguida. Echa de menos a Fantasma y a Ramón.

The film is in black and white. There is a very long sequence where there is only one man playing the violin. The man cries and they change the shot. A soldier cries while he listens to the man playing. It is very dramatic.

Maria looks at her clock. It is 1 in the morning. The movie is very long.

The soldier still cries. A fighter shouts. The soundtrack is very beautiful but also very slow. It is like a lullaby. Maria closes her eyes.

"Just a second" — she thinks.

Maria wakes up. She was snoring. The director looks at her furiously. Maria slowly wakes up and leaves the theater. When she arrives at the lobby, she starts running. She wants to get home immediately. She misses Fantasma and Ramón.

En su piso, Ramón la espera en la cocina.

— He hecho chocolate caliente. ¿Quieres un poco? Estaba a punto de irme a leer al dormitorio.

María lo abraza muy fuerte. Quiere una taza de chocolate caliente, y dormir mientras Ramón lee una novela de misterio. Se ponen el pijama

y María empieza a roncar. Ramón sonríe y pasa de página. Esto es mucho mejor que ir al cine y ver a gente famosa. En este libro, él viaja por África con una tímida, pelirroja y regordeta bibliotecaria.

In her flat, Ramón waits for her in the kitchen.

— I made hot chocolate. Do you want some? I was just about to go to read to the bedroom.

Maria hugs him very hard. She wants a cup of hot chocolate, and she wants to sleep while Ramón reads a mystery novel. They both put on their pajamas and Maria starts snoring. Ramón smiles and turns the page. This much better than going to the movies and meeting famous people. In this book, he travels around Africa with a shy, red-headed and chubby librarian.

STORY #3 – EL SUEÑO DEL CHEF
(COMIDA Y RESTAURANTE)

Guillermo trabaja de **friegaplatos** en un restaurante muy pequeño de su ciudad, pero Guillermo quiere ser Chef. Guillermo estudia por las noches sus **libros de recetas**. Está siempre muy cansado, porque es muy **trabajador**. Cuando nadie le mira, se pone el gorro del **jefe de cocina**. Está muy gracioso porque el sombrero le hace las orejas enormes.

Guillermo tiene el pelo rubio oscuro y las orejas muy grandes. Le gusta mucho cocinar. Cuando ha lavado todos los platos, Guillermo observa al cocinero del restaurante. Quiere aprender a cocinar tan bien como él. El cocinero es un hombre muy simpático y enseña a Guillermo a preparar fideuá. La fideuá es una paella, pero con **fideos**. Es un plato típico de Valencia. Es una receta muy antigua, y muy difícil de cocinar.

friegaplatos – dishwasher

libros de recetas – recipe books

jefe/a de cocina – chef

fideos – noodles

trabajador – hard-working

A Guillermo le encanta la comida típica española. Su madre vive en los Pirineos, y le enseña a cocinar muchos platos típicos de **montaña.** Su plato favorito es el **cordero**. Es una comida deliciosa.

Si quiere ser un gran cocinero, Guillermo necesita aprender muchas recetas. Hoy está **horneando** pan **casero**. La cocina huele muy bien a **harina** caliente y a **mantequilla**. Guillermo también ha cocinado su **postre** favorito; flan de **mango**, pero prefiere la comida **salada.**

montaña – mountain

cordero – lamb

horneando (hornear) – baking (to bake)

casero/a – homemade

harina – flour

mantequilla – butter

postre – dessert

mango – mango

salada – salty

¡Han ascendido a Guillermo a **pinche de cocina**! Ahora Guillermo **pela** muchas patatas. Es un trabajo muy aburrido. ¡Él quiere cocinar, no **limpiar** y pelar patatas! Pero todos los trabajos en la cocina son importantísimos. El jefe de cocina no puede pelar tantas patatas porque tiene que controlar muchas cosas. Guillermo sabe que si pela las patatas rápido, el Chef le enseñará a preparar una receta nueva.

El jefe de cocina le explica a Guillermo cómo preparar la musaca. La musaca es un plato tradicional de Grecia. Es una **lasaña** con **berenjena** y patata. Se puede comer **caliente** o **fría**.

Cuando Guillermo sale de trabajar, come **sopa instantánea** para cenar. Está muy cansado y no quiere cocinar.

pinche de cocina – kitchen helper

pela (pelar) – peels (to peel)

limpiar – to clean, to wash

lasaña – lasagna

berenjena – aubergine

caliente – hot, warm

frío/a – cold

Su madre invita a Guillermo a comer. Ha preparado **pollo** al **chilindrón**. Es un plato de Aragón. Lleva **pimiento** verde y rojo y **cebolla**. Guillermo **unta** pan en la salsa. Su madre le dice que el **ingrediente** secreto es el tiempo.

— La **olla** ha estado a **fuego lento** todo el día —le explica.

Guillermo se ríe. Los grandes chefs tienen que cocinar muy rápido.

La madre de Guillermo guarda las **sobras** en una **fiambrera**. El pollo estará igual de rico al día siguiente.

pollo – chicken

al chilindrón – cooked with tomatoes and peppers (way of cooking)

pimiento – pepper

cebolla – onion

unta (untar) – spread (to spread)

ingrediente – ingredient

olla – pot

a fuego lento – slow cooked

sobras – leftovers

fiambrera – lunch box

En la calle hay una **churrería ambulante**. Los **churros** se **fríen** en **aceite** muy caliente y se cubren de **azúcar**. El padre de Guillermo compra el periódico y churros para **desayunar** todos los domingos. Se comen con una taza de chocolate caliente. Algunas personas los comen en el **postre**.

Guillermo va a trabajar. Hoy tiene que pelar **zanahorias** y **judías** verdes. Van a preparar **ensaladilla rusa**. El chef prepara la mayonesa. De postre habrá **bizcocho** de **manzana** y **canela**. Es un restaurante muy pequeño y sólo tienen **menú del día**.

Guillermo quiere trabajar en un restaurante grande y bonito. Quiere ganar una estrella Michelín. Es un **premio** importantísimo para un cocinero.

churrería – a shop that sells churros

churro – churro, fritter

ambulante – traveling

fríen (freir) – they fry (to fry)

aceite – oil

azúcar – sugar

desayunar – to have breakfast

postre – dessert

zanahorias – carrots

judías – beans

ensaladilla rusa – russian salad

bizcocho – sponge cake

manzana – apple

canela – cinnamon

menú del día – daily menu

premio – prize

El mejor amigo de Guillermo, Juan, es **pastelero**. Los dos deciden **ahorrar dinero** y abrir un restaurante juntos. Guillermo sabe que tendría mucho éxito. Cuando sea chef, se levantará muy pronto para comprar ingredientes **frescos**.

Juan vende **magdalenas** en la feria para ganar dinero extra. Van rellenas de caramelo y **nueces**. Son muy **empalagosas**, pero a su familia le gustan mucho. Su familia es muy **golosa.** Le gustan mucho los dulces. Guillermo no puede **probar** las magdalenas porque es **alérgico** a los **frutos secos.**

Juan es **vegetariano**. No come **carne**, pero sí come **huevos, leche** y **miel.**

pastelero/a – pastry chef

ahorrar dinero – to save money

frescos/as – fresh

magdalenas – muffins

nueces – walnuts

empalagosos/as – oversweet

goloso/a – sweet-toothed

probar – to taste

alérgico/a – allergic

frutos secos – dried fruits

vegetariano/a – vegetarian

carne – meat

huevos – eggs

leche – milk

miel – honey

El jefe de Guillermo está **enfermo**. Guillermo está preocupado, pero puede cocinar por primera vez. Guillermo prepara **migas** con **uvas** y chorizo. Las migas están hechas con pan, **ajo** y agua y **se sirven** con un huevo frito. Los **pastores** del sur de España inventaron las migas. Es una comida muy **pesada** pero muy sencilla de preparar.

Los comensales tienen el estómago lleno. La comida está muy buena y no pueden comer más. ¡Pero todos **piden** postre! Juan siempre dice que la comida se come con el **estómago**, pero el postre se come con el corazón.

Después de comer, todo el mundo pide café. El día ha sido un éxito. Guillermo podrá abrir su restaurante pronto.

enfermo/a – ill

migas – migas (traditional Spanish food)

uvas – grapes

ajo – garlic

se sirven (servir) – they are served (to serve)

pastores – shepherds

piden (pedir) – they order (to order)

estómago – stomach

Juan y él están ilusionados. Tienen mucho dinero.

Los dos compran un **local** en el centro de la ciudad. Es pequeño pero tiene mucha luz. Los **manteles** son blancos y las **servilletas** verdes. Sus **delantales** también son verdes. Encima de la mesa hay **velas** blancas y bonitas. Es un restaurante romántico.

Guillermo quiere cocinar comida de España y de Italia. Juan hará postres típicos de Francia. Los dos llevan gorros de cocina. El de Juan es pequeño. El gorro de Guillermo es muy grande. Él parece muy alto cuando lo lleva puesto. La madre de Guillermo les saca una foto. Está muy **orgullosa** de su hijo. Le hace un regalo. Es su libro de recetas **escrito a mano**. Antes era de su abuela. Guillermo está emocionado.

local – property

manteles – tableclothes

servilletas – serviette, napkin

delantal – apron, smock

velas – candles

orgulloso/a – proud

escrito a mano (escribir) – hand-written (to write)

Es el primer día que el restaurante está abierto. Juan y Guillermo lo han llamado El Restaurante. Ninguno de los dos tiene mucha **imaginación**, pero es un nombre divertido.

Los camareros llevan puestos camisas negras y pantalones de **traje**. Están muy elegantes. La **jefa de comedor** lleva también un **chaleco**. Está muy **concentrada**. Hay una **banda** tocando música **clásica**.

Un cliente bajo y calvo se sienta en una mesa al lado de la ventana. Está muy serio.

— Buenas noches. ¿Desea algo de beber?

— ¿Qué me recomienda?

— El **vino tinto de la casa** es delicioso.

— ¿Cuál es la especialidad del chef?

— Las **angulas**.

El cliente no dice gracias. Es muy **antipático**.

imaginación – imagination

traje – suit

jefe/a de comedor – head waitress

chaleco – waistcoat

concentrado/a – concentrated, focused

banda – band

clásico/a – classical

vino tinto de la casa – house red wine

angulas – eels

antipático/a – unpleasant, mean

Las angulas son pescados muy pequeños. Guillermo las cocina con ajo, jamón de Teruel y **guindilla**. Es un plato un poco **picante**.

El cliente se pone rojo. Las angulas son más picantes de lo que pensaba.

De postre pide **profiteroles** con salsa de chocolate.

El señor calvo come con la mano izquierda. Es **zurdo**. No sonríe ni dice nada. **Pide la cuenta** y se marcha.

guindilla – chilli pepper

picante – hot, spicy

profiteroles – cream puff

zurdo/a – left-handed

pide la cuenta (pedir) – he requests the bill (to request)

Juan y Guillermo están preocupados. Su primer cliente no ha dicho nada. No le han impresionado.

Ese domingo los padres de Guillermo visitan El Restaurante. Están muy sonrientes. Guillermo no entiende nada. Sus padres le enseñan un periódico.

— Hoy, mientras comía churros y leía el periódico, he encontrado ésto.

Es una **crítica** de El Restaurante muy buena. El señor bajo y calvo es un **crítico culinario.**

Dice que la cocina de Guillermo le ha recordado a su **pueblo natal,** y que el postre de Juan es el mejor que ha comido nunca.

Una buena crítica es muy buena **publicidad**. El restaurante está siempre lleno. Los **comensales** siempre están satisfechos. Guillermo es un cocinero de éxito.

crítica – review

crítico/a culinario – culinary critic

pueblo natal – hometown

publicidad – advertising

comensales – diners

Un día, el crítico culinario vuelve al restaurante con una mujer mayor y muy **elegante**.

Es un día muy **ajetreado**. El camarero **pone la mesa.** Las **copas** y los **cubiertos** brillan mucho.

El crítico y la mujer piden la ensalada **templada** de queso de **cabra** con **piñones**.

Hoy, el crítico es más simpático. La mujer, sin embargo, es muy **silenciosa**.

Juan y Guillermo están tranquilos. La ensalada es una receta muy sencilla. El **aliño** está hecho con aceite, **mostaza** y miel.

Los dos beben vino blanco frío.

Pagan la cuenta **a pachas** y dejan **propina**. La mujer se pone su abrigo de piel. Hacen una pareja muy rara.

elegante – elegant

ajetreado/a – busy

pone la mesa (poner) – set the table (to set)

copas – glasses

cubiertos – cutlery

templado/a – lukewarm

cabra – goat

piñones – pine nuts

silencioso/a – quiet

aliño – salad dressing

mostaza – mustard

pagan a pachas (pagar) (colloquial) – they divide the bill

propina – tip

Ahora, El Restaurante es muy popular. Tienen muchos **clientes fieles.** Muchas parejas vienen aquí a celebrar San Valentín. En el día de los enamorados, la banda toca canciones románticas. Algunos novios bailan lentamente. En las mesas hay **jarrones** con flores y los camareros llevan camisas rojas.

Alguien llama al teléfono. Un señor quiere hacer una reservar una mesa para dos a las 10 de la noche, pero no hay ninguna mesa **disponible**. Todas las mesas están **ocupadas**. El señor **cuelga** el teléfono enfadado.

clientes fieles – faithful clients

jarrones – vases

disponible – available

ocupados/as – occupied

cuelga (colgar) – hangs up (to hang up)

Juan ha preparado algo especial: **tarta de frambuesa** con forma de corazón. **Ha escondido** un anillo de diamantes dentro de la tarta. Un chico le va a **pedir matrimonio** a su novia esa noche.

Guillermo ha sacado una botella de **cava** de la **nevera**. El cava es un vino **espumoso** parecido al champán.

El chico se **arrodilla** en frente de su novia. Es muy excitante. La chica llora y dice sí. Lleva un vestido de **encaje** muy bonito.

tarta de frambuesa – raspberry cake

ha escondido (esconder) – he has hidden (to hide)

pedir (matrimonio) – to propose (marriage)

cava – cava, sparkling white wine

nevera – fridge

espumoso – sparkling

arrodilla (arrodillar) – kneels (to kneel)

encaje – lace

Juan y Guillermo son muy felices. Tienen un restaurante de cuatro **tenedores.**

Guillermo va a casa. Pide comida china **para llevar.** No quiere cocinar más por hoy. Guillermo termina de cenar y lee su libro de recetas mientras come **chucherías**. Él ha escrito algunas recetas nuevas. Le gusta usar **especias** de otros países en las recetas tradicionales de su abuela. A su abuela le gustarían mucho.

tenedores – forks

para llevar – to take away

chucherías – sweets

especias – spices

QUESTIONS/ PREGUNTAS

1) ¿Cuál es el primer trabajo de Guillermo?
   a) Barrendero
   b) Cocinero
   c) Friegaplatos
   d) Chef

2) ¿Quién es Juan?
   a) El padre de Guillermo
   b) El mejor amigo de Guillermo
   c) El jefe de Guillermo
   d) Un cliente del restaurante

3) ¿A que es alérgico Juan?
   a) A los frutos secos
   b) A las magdalenas
   c) Al caramelo
   d) A la carne

4) ¿Qué come el crítico culinario en su segunda visita?
   a) Angulas
   b) Migas
   c) Ensalada
   d) Musaca

5) ¿Qué ocurre en El Restaurante en San Valentín?
   a) Hay una banda tocando
   b) No hay mesas disponibles
   c) Un chico le pide matrimonio a su novia
   d) Todas las anteriores

ANSWERS/ SOLUCIONES

1) C   2) B   3) A   4) C   5) D

RESUMEN

Guillermo trabaja de lavaplatos en un restaurante pequeño. Estudia por las noches para convertirse en un gran jefe de cocina. Aprende recetas nuevas con su jefe y con su madre. Le gusta la comida típica española.

Su amigo Juan y él están ahorrando para abrir un restaurante. Cuando tienen el dinero, su restaurante es muy tranquilo. Un día, un crítico de comida hace una crítica excelente del restaurante. Éste se hace muy famoso.

El día de San Valentín, un hombre le pide matrimonio a su novia en el restaurante.

Guillermo pide comida para llevar y se va a casa. Tiene mucho éxito pero quiere aprender más recetas.

SUMMARY

Guillermo works as a dishwasher in a small restaurant. He studies at night to become a great chef. He learns new recipes from his boss and his mother. He likes typical Spanish food.

He and his friend Juan are saving money to open their own restaurant. When they save enough, they open the restaurant but nobody comes in. One day, a food critic eats there and leaves an amazing review. The restaurant becomes very famous. On Valentine's Day, a man proposes to his girlfriend at the restaurant.

Guillermo orders take-out and goes home. He's very successful, but he wants to study more recipes.

VOCABULARIO

friegaplatos – dishwasher

libros de recetas – recipe books

jefe/a de cocina – chef

fideos – noodles

trabajador – hard-working

montaña – mountain

cordero – lamb

horneando (hornear) – baking (to bake)

casero/a – homemade

harina – flour

mantequilla – butter

postre – dessert

mango – mango

salada – salty

pinche de cocina – kitchen helper

pela (pelar) – to peel

limpiar – to clean, to wash

lasaña – lasagna

berenjena – aubergine

caliente – hot, warm

frío/a – cold

pollo – chicken

al chilindrón – cooked with tomatoes and peppers (way of cooking)

pimiento – pepper

cebolla – onion

unta (untar) – spread (to spread)

ingrediente – ingredient

olla – pot

a fuego lento – slow cooked

sobras – leftovers

fiambrera – lunch box

churrería – a shop that sells churros

churro – churro, fritter

ambulante – traveling

fríen (freir) – they fry (to fry)

aceite – oil

azúcar – sugar

desayunar – to have breakfast

postre – dessert

zanahorias – carrots

judías – beans

ensaladilla rusa – russian salad

bizcocho – sponge cake

manzana – apple

canela – cinnamon

menu del día – daily menu

premio – prize

pastelero/a – pastry chef

ahorrar dinero – to save money

frescos/as – fresh

magdalenas – muffins

nueces – walnuts

empalagosos/as – oversweet

goloso/a – sweet-toothed

probar – to taste

alérgico/a – allergic

frutos secos – dried fruits

vegetariano/a – vegetarian

carne – meat

huevos – eggs

leche – milk

miel – honey

enfermo/a – ill

migas – migas (traditional Spanish food)

uvas – grapes

ajo – garlic

se sirven (servir) – they are served (to serve)

pastores – shepherds

piden (pedir) – they order (to order)

estómago – stomach

local – property

manteles – tableclothes

servilletas – serviette, napkin

delantal – apron, smock

velas – candles

orgulloso/a – proud

escrito a mano (escribir) – hand-written (to write)

imaginación – imagination

traje – suit

jefe/a de comedor – head waitress

chaleco – waistcoat

concentrado/a – concentrated, focused

banda – band

clásico/a – classical

vino tinto de la casa – house red wine

angulas – elvers

antipático/a – unpleasant, mean

guindilla – chilli pepper

picante – hot, spicy

profiteroles – profiteroles

zurdo/a – left-handed

pide la cuenta (pedir) – he requests the bill (to request)

crítica – review

crítico/a culinario – culinary critic

pueblo natal – hometown

publicidad – advertising

comensales – diner

elegante – elegant

ajetreado/a – busy

pone la mesa (poner) – set the table (to set)

copas – glasses

cubiertos – cutlery

templado/a – lukewarm

cabra – goat

piñones – pine nuts

silencioso/a – quiet

aliño – salad dressing

mostaza – mustard

pagan a pachas (pagar) (colloquial) – they divide the bill

propina – tip

clientes fieles – faithful clients

jarrones – vases

disponible – available

ocupados/as – occupied

cuelga (colgar) – hangs up (to hang up)

tarta de frambuesa – raspberry cake

ha escondido (esconder) – he has hidden (to hide)

pedir (matrimonio) – to propose (marriage)

cava – cava, sparkling white wine

nevera – fridge

espumoso – sparkling

arrodilla (arrodillar) – kneels (to kneel)

encaje – lace

tenedores – forks

para llevar – to take away

chucherías – sweets

especias – spices

TRANSLATION

Guillermo trabaja de friegaplatos en un restaurante muy pequeño de su ciudad, pero Guillermo quiere ser Chef. Guillermo estudia por las noches sus libros de recetas. Está siempre muy cansado, porque es muy trabajador. Cuando nadie le mira, se pone el gorro del jefe de cocina. Está muy gracioso porque el sombrero le hace las orejas enormes.

Guillermo tiene el pelo rubio oscuro y las orejas muy grandes. Le gusta mucho cocinar. Cuando ha lavado todos los platos, Guillermo observa al cocinero del restaurante. Quiere aprender a cocinar tan bien como él. El cocinero es un hombre muy simpático y enseña a Guillermo a preparar fideuá. La fideuá es una paella, pero con fideos. Es un plato típico de Valencia. Es una receta muy antigua, y muy difícil de cocinar.

Guillermo works as a dishwasher in a very small restaurant in his city, but Guillermo wants to be a chef. At night, Guillermo studies his recipe books. He is always very tired, because he is a very hard worker. When no one is watching him, he puts on the chef's hat. It is very funny because the hat makes his ears enormous.

Guillermo has dark blond hair and very big ears. He likes cooking very much. When he has washed all the dishes, Guillermo observes the restaurant's cook. He wants to learn to cook as well as he does. The cook is a very nice man and he teaches Guillermo how to make fideuá. The fideuá is a paella, but with noodles. It is a typical dish of Valencia. It is a very old recipe, and very difficult to cook.

A Guillermo le encanta la comida típica española. Su madre vive en los Pirineos, y le enseña a cocinar muchos platos típicos de montaña. Su plato favorito es el cordero. Es una comida deliciosa.

Si quiere ser un gran cocinero, Guillermo necesita aprender muchas recetas. Hoy está horneando pan casero. La cocina huele muy bien a harina caliente y a mantequilla. Guillermo también ha cocinado su postre favorito; flan de mango, pero prefiere la comida salada.

Guillermo loves Spanish typical food. His mother lives in the Pyrenees, and she teaches him how to cook many typical mountain dishes. His favorite dish is lamb. It's a delicious meal.

If he wants to be a great cook, Guillermo needs to learn a lot of recipes. Today he is baking homemade bread. The kitchen smells very good of hot flour and butter. Guillermo has also cooked his favorite dessert; mango flan, but he prefers salty food.

¡Han ascendido a Guillermo a pinche de cocina! Ahora Guillermo pela muchas patatas. Es un trabajo muy aburrido. ¡Él quiere cocinar, no limpiar y pelar patatas! Pero todos los trabajos en la cocina son importantísimos. El jefe de cocina no puede pelar tantas patatas porque tiene que controlar muchas cosas. Guillermo sabe que si pela las patatas rápido, el Chef le enseñará a preparar una receta nueva.

El jefe de cocina le explica a Guillermo cómo preparar la musaca. La musaca es un plato tradicional de Grecia. Es una lasaña con berenjena y patata. Se puede comer caliente o fría.

Cuando Guillermo sale de trabajar, come sopa instantánea para cenar. Está muy cansado y no quiere cocinar.

They have promoted Guillermo to kitchen helper! Now Guillermo peels a lot of potatoes. It is a very boring job. He wants to cook, not clean and peel potatoes! But every job in the kitchen is super important. The chef can't peel so many potatoes because he has to control a lot of things. Guillermo knows that if he peels the potatoes quickly, the chef will teach him how to cook a new recipe.

The chef explains to Guillermo how to prepare moussaka. The moussaka is a traditional Greek dish. It is lasagna with aubergine and potatoes. It can be eaten hot or cold.

When Guillermo leaves work, he eats instant soup for dinner. He feels very tired and doesn't want to cook.

Su madre invita a Guillermo a comer. Ha preparado pollo al chilindrón. Es un plato de Aragón. Lleva pimiento verde y rojo y cebolla. Guillermo unta pan en la salsa. Su madre le dice que el ingrediente secreto es el tiempo.

— La olla ha estado a fuego lento todo el día —le explica.

Guillermo se ríe. Los grandes chefs tienen que cocinar muy rápido.

La madre de Guillermo guarda las sobras en una fiambrera. El pollo estará igual de rico al día siguiente.

His mother invites Guillermo over to eat. She has prepared chicken cooked with tomatoes and peppers. It is a dish of Aragon. It has green and red peppers and onion. Guillermo spreads bread in the sauce. His mother tells him that the secret ingredient is timing.

— The pot has been simmering all day long —she explains to him.

Guillermo laughs. Great chefs have to cook very fast. Guillermo's mother keeps the leftovers in a lunch box. The chicken will be just as delicious the next day.

En la calle hay una churrería ambulante. Los churros se fríen en aceite muy caliente y se cubren de azúcar. El padre de Guillermo compra el periódico y churros para desayunar todos los domingos. Se comen con una taza de chocolate caliente. Algunas personas los comen en el postre.

Guillermo va a trabajar. Hoy tiene que pelar zanahorias y judías verdes. Van a preparar ensaladilla rusa. El chef prepara la mayonesa. De postre habrá bizcocho de manzana y canela. Es un restaurante muy pequeño y sólo tienen menú del día.

Guillermo quiere trabajar en un restaurante grande y bonito. Quiere ganar una estrella Michelín. Es un premio importantísimo para un cocinero.

In the street there is a traveling shop that sells churros. The churros are fried in very hot oil and get covered with sugar. Guillermo's father buys the newspaper and churros for breakfast every Sunday. They are eaten with a cup of hot chocolate. Some people eat them as dessert.

Guillermo goes to work. Today he has to peel carrots and green beans. They are going to prepare Russian salad. The chef makes the mayonnaise. For dessert there will be apple and cinnamon sponge cake. It is a very small restaurant and they only have a daily menu. Guillermo wants to work in a big and pretty restaurant. He wants to get a Michelin star. It is a very important prize for a cook.

El mejor amigo de Guillermo, Juan, es pastelero. Los dos deciden ahorrar dinero y abrir un restaurante juntos. Guillermo sabe que tendría mucho éxito. Cuando sea chef, se levantará muy pronto para comprar ingredientes frescos.

Juan vende magdalenas en la feria para ganar dinero extra. Van rellenas de caramelo y nueces. Son muy empalagosas, pero a su familia le gustan mucho. Su familia es muy golosa. Le gustan mucho los dulces. Guillermo no puede probar las magdalenas porque es alérgico a los frutos secos.

Juan es vegetariano. No come carne, pero sí come huevos, leche y miel.

Guillermo's best friend, Juan, is a pastry chef. They both decide to save money and open a restaurant together. Guillermo knows that it would have lots of success. When he's a chef, he will get up early to buy fresh ingredients.

Juan sells muffins at the fair to earn some extra money. These are stuffed with caramel and nuts. They are very oversweet, but his family likes them very much.

His family is very sweet-toothed. They like sweets very much. Guillermo can't taste the muffins because he is allergic to dried fruits.

Juan is a vegetarian. He doesn't eat meat, but he eats eggs, milk and honey.

El jefe de Guillermo está enfermo. Guillermo está preocupado, pero puede cocinar por primera vez. Guillermo prepara migas con uvas y chorizo. Las migas están hechas con pan, ajo y agua y se sirven con un huevo frito. Los pastores del sur de España inventaron las migas. Es una comida muy pesada pero muy sencilla de preparar.

Los comensales tienen el estómago lleno. La comida está muy buena y no pueden comer más. ¡Pero todos piden postre! Juan siempre dice que la comida se come con el estómago, pero el postre se come con el corazón.

Después de comer, todo el mundo pide café. El día ha sido un éxito. Guillermo podrá abrir su restaurante pronto.

Guillermo's boss is ill. Guillermo is worried, but he can cook for the first time. Guillermo prepares migas with grapes and sausage. The migas are made with bread, garlic and water and served with a fried egg. The shepherds from southern Spain invented the migas. It is a very heavy meal but very simple to prepare.

The customers have full stomachs. The food is very good, and they can't eat anymore. But they all order dessert! Juan always says that food is eaten with the stomach, but dessert is eaten with the heart.

After eating, everyone orders coffee. The day has been a success. Guillermo will be able to open his restaurant soon.

Juan y él están ilusionados. Tienen mucho dinero.

Los dos compran un local en el centro de la ciudad. Es pequeño, pero tiene mucha luz. Los manteles son blancos y las servilletas verdes. Sus delantales también son verdes. Encima de la mesa hay velas blancas y bonitas. Es un restaurante romántico.

Guillermo quiere cocinar comida de España y de Italia. Juan hará postres típicos de Francia. Los dos llevan gorros de cocina. El de Juan es pequeño. El gorro de Guillermo es muy grande. Él parece muy alto cuando lo lleva puesto. La madre de Guillermo les saca una foto. Está muy orgullosa de su hijo. Le hace un regalo. Es su libro de recetas escrito a mano. Antes era de su abuela. Guillermo está emocionado.

Juan and he are excited. They have a lot of money.

The two of them buy a property in middle of the city. It is small but has a lot of light. The tablecloths are white, and the napkins are green. Their aprons are also green. On the table there are white and pretty candles. It is a romantic restaurant.

Guillermo wants to cook Spanish and Italian food. Juan will make typical French desserts. They are both wearing kitchen hats. Juan's is small. Guillermo's hat is very big. He seems very tall when he wears it. Guillermo's mother takes a picture of them. She's very proud of her son. She makes him a gift. It is her hand-written recipe book. It was his grandmother's before. Guillermo is excited.

Es el primer día que el restaurante está abierto. Juan y Guillermo lo han llamado El Restaurante. Ninguno de los dos tiene mucha imaginación, pero es un nombre divertido.

Los camareros llevan puestos camisas negras y pantalones de traje. Están muy elegantes. La jefa de comedor lleva también un chaleco. Está muy concentrada. Hay una banda tocando música clásica.

Un cliente bajo y calvo se sienta en una mesa al lado de la ventana. Está muy serio.

— Buenas noches. ¿Desea algo de beber?

— ¿Qué me recomienda?

— El vino tinto de la casa es delicioso.

— ¿Cuál es la especialidad del chef?

— Las angulas.

El cliente no dice gracias. Es muy antipático.

It is the first day that the restaurant is open. Juan and Guillermo called it The Restaurant. Neither of them has much imagination, but it is a funny name.

The waiters wear black shirts and suit trousers. They are very elegant. The head waitress also wears a waistcoat. She is very focused. There's a band playing classical music.

A short and bald customer sits at a table next to the window. He is very serious.

— Good evening. Would you like something to drink?

— What do you recommend?

— The house's red wine is delicious.

— What is the chef's specialty?

— The eels.

The customer does not say thank you. He is very unpleasant.

Las angulas son pescados muy pequeños. Guillermo las cocina con ajo, jamón de Teruel y guindilla. Es un plato un poco picante.

El cliente se pone rojo. Las angulas son más picantes de lo que pensaba.

De postre pide profiteroles con salsa de chocolate.

El señor calvo come con la mano izquierda. Es zurdo. No sonríe ni dice nada. Pide la cuenta y se marcha.

Eels are very small fish. Guillermo cooks them with garlic, ham of Teruel and chili pepper. This dish is slightly spicy.

The client turns red. The eels are spicier than he thought.

For dessert he orders two cream puffs with chocolate sauce.

The bald man eats with the left hand. He is left-handed. He doesn't smile or say a thing. He requests the bill and leaves.

Juan y Guillermo están preocupados. Su primer cliente no ha dicho nada. No le han impresionado.

Ese domingo los padres de Guillermo visitan El Restaurante. Están muy sonrientes. Guillermo no entiende nada. Sus padres le enseñan un periódico.

— Hoy, mientras comía churros y leía el periódico, he encontrado ésto.

Es una crítica de El Restaurante muy buena. El señor bajo y calvo es un crítico culinario.

Dice que la cocina de Guillermo le ha recordado a su pueblo natal, y que el postre de Juan es el mejor que ha comido nunca.

Una buena crítica es muy buena publicidad. El restaurante está siempre lleno. Los comensales siempre están satisfechos. Guillermo es un cocinero de éxito.

Juan and Guillermo are worried. Their first customer hasn't said anything. They have not impressed him.

That Sunday Guillermo's parents visit The Restaurant. They are very smiley. Guillermo does not understand a thing. His parents show him a newspaper.

— Today, while I was eating churros and reading the newspaper, I found this.

It is a very good review of The Restaurant. The short bald man is a culinary critic.

It says that Guillermo's cuisine has reminded him of his hometown, and that Juan's dessert is the best that he has ever eaten.

A good review is very good publiciy. The Restaurant is always crowded. The guest is always satisfied. Guillermo is a successful chef.

Un día, el crítico culinario vuelve al restaurante con una mujer mayor y muy elegante.

Es un día muy ajetreado. El camarero pone la mesa. Las copas y los cubiertos brillan mucho.

El crítico y la mujer piden la ensalada templada de queso de cabra con piñones.

Hoy, el crítico es más simpático. La mujer, sin embargo, es muy silenciosa.

Juan y Guillermo están tranquilos. La ensalada es una receta muy sencilla. El aliño está hecho con aceite, mostaza y miel.

Los dos beben vino blanco frío.

Pagan la cuenta a pachas y dejan propina. La mujer se pone su abrigo de piel. Hacen una pareja muy rara.

One day, the culinary critic returns to the restaurant with an older and very elegant woman.

It is a very busy day. The waiter sets the table. The glasses and cutlery are very shiny.

The critic and the woman order the lukewarm goat cheese salad with pine nuts.

Today, the critic is much nicer. The woman, however, is very quiet.

Juan and Guillermo are calm. The salad is a very easy recipe. The salad dressing is made up of oil, mustard and honey.

They both drink cold white wine.

They divide the bill and leave a tip. The woman puts on her fur coat. They make a very unusual couple.

Ahora, El Restaurante es muy popular. Tienen muchos clientes fieles. Muchas parejas vienen aquí a celebrar San Valentín. En el día de los enamorados, la banda toca canciones románticas. Algunos novios bailan lentamente. En las mesas hay jarrones con flores y los camareros llevan camisas rojas.

Alguien llama al teléfono. Un señor quiere hacer una reservar una mesa para dos a las 10 de la noche, pero no hay ninguna mesa disponible. Todas las mesas están ocupadas. El señor cuelga el teléfono enfadado.

Now, The Restaurant is very popular. It has a lot of faithful clients. A lot of couples come here to celebrate Valentine's Day. On Valentine's Day, the band plays romantic songs. Some couples dance slowly. On the tables there are vases with flowers and the waiters wear red shirts.

Someone calls the phone. A man that wants to make a reservation for a table for two at 10 at night, but there are no tables available. All the tables are occupied. The man angrily hangs up the phone.

Juan ha preparado algo especial: tarta de frambuesa con forma de corazón. Ha escondido un anillo de diamantes dentro de la tarta. Un chico le va a pedir matrimonio a su novia esa noche.

Guillermo ha sacado una botella de cava de la nevera. El cava es un vino espumoso parecido al champán.

El chico se arrodilla en frente de su novia. Es muy excitante. La chica llora y dice sí. Lleva un vestido de encaje muy bonito.

Juan has prepared something special: a raspberry cake in the shape of a heart. He has hidden a diamond ring inside the cake. A guy is going to propose to his girlfriend that same night.

Guillermo has taken a cava bottle from the fridge. Cava is a sparkling wine similar to champagne.

The guy kneels in front of his girlfriend. It is very exciting. The girl cries and says yes. She is wearing a very pretty lace dress.

Juan y Guillermo son muy felices. Tienen un restaurante de cuatro tenedores.

Guillermo va a casa. Pide comida china para llevar. No quiere cocinar más por hoy. Guillermo termina de cenar y lee su libro de recetas mientras come chucherías. Él ha escrito algunas recetas nuevas. Le gusta usar especias de otros países en las recetas tradicionales de su abuela. A su abuela le gustarían mucho.

Juan and Guillermo are very happy. They have a four-fork restaurant. Guillermo goes home. He orders Chinese food to go. He doesn't want to cook anymore today. Guillermo finishes up dinner and he reads his recipe book while he eats sweets. He has written some new recipes. He likes to use spices from other countries in his grandmother's traditional recipes. His grandmother would like them very much.

Recuerdo el amor que se tenían mis abuelos en una **época** en que todo era un poco más difícil que ahora. Mi abuelo José era un **agricultor** alto y delgado y mi abuela Isabel era **ama de casa** y debía cuidar de sus cuatro hijas. Me imagino lo difícil que era **lavar** esa cantidad de ropa en el río ya que no existían **lavadoras**.

época – time, era

agricultor – farmer

ama de casa – housewife

lavar – wash

lavadoras – washing machine

Mi tía Sofía era la mayor de las hijas y recuerdo que ella tenía una gran **actitud**. Estaba **enferma** muy a menudo, lo que le daba un aspecto pálido y delgado.

Tristemente después de una lucha constante en contra de sus **enfermedades** y muy joven, ella **falleció**.

actitud – attitude

enferma – ill

Tristemente – sadly

enfermedades – illnesses

falleció – passed away

Mi tía Jimena, la segunda hija, era muy inteligente. Un día en el mercado había una tienda **vacía**, preguntó a un señor y él le dijo que la tienda estaba en **alquiler**. Ella no tenía mucho dinero, pero la alquiló.

vacía – empty

alquiler – rent

Mi otra tía, Lorena, tenía una **relación** a larga distancia con un soldado llamado Raúl. Un año después de terminar la guerra se **casaron** en una hermosa **ceremonia**. Mi mamá era la hija menor de mis abuelos, ella era **guapa** e **ingenua** según me cuentan. Mi mamá tenía un romance con un chico del pueblo, Blas. El chico era rico e importante, y también un **malcriado** que no le gustaba para nada a mis abuelos.

relación – relationship

casaron – got married

ceremonia – ceremony

guapa – pretty

ingenua – innocent

malcriado – spoiled brat

Mi tía Lorena quería ser **sastre** y tomaba clases de **costura**. Ella **aprovechaba** después de clases para enviarle **cartas** a su novio Raúl . Mi tía Lorena no asistió a la escuela y nadie le enseñó a leer ni a **escribir y** había conocido a su novio en una fiesta en el pueblo. Cuando él se fue a la **guerra**, ella aprendió a leer gracias a su mejor amiga y así poder entender que le escribía Raúl . **Practicaba** leyendo novelas románticas que le daban la inspiración para **aprender** a leer más **rápido**.

Mi tía Lorena empezó a **trabajar** con mi tía Jimena y se **encargaba** de coser **trajes** mientras mi tía Jimena los vendía. Mi tía Jimena tampoco sabía leer ni escribir, y llevaba la **contabilidad** sin **calculadora**. Trabajar allí las hacía muy felices y después de trabajar juntas salían a recorrer el pueblo.

sastre – tailor

costura – sewing

aprovechaba – took the opportunity

cartas – letters

escribir y – write and

guerra – war

Practicaba – practice

aprender – learn

rápido – faster

trabajar – working

encargaba – in charge

trajes – suits

contabilidad – bookkeeping

calculadora – calculator

Por otro lado, mis abuelos estaban muy **preocupados** por Inés, la menor, mi mamá, ya que la **consideraban** muy **joven** e inocente. Ella siempre llegaba tarde a casa después de visitar a Blas, quien se **convertiría** en mi papá. En un **descuido** mi mamá quedó **embarazada** y a pesar de que Blas quería casarse con ella, mi mamá solo pensaba en mis abuelos y la **impresión** que tenían de Blas, que creían que era una mala persona. Mis padres se casaron en secreto, después nací yo y según mi mamá, yo era un bebé gordito y calvo. Finalmente, mis abuelos y mis padres se **reconciliaron** y olvidaron los **altercados**.

preocupados – concerned

consideraban – considered

joven – young

convertiría – become

descuido – careless move

embarazada – pregnant

impresión – impression

reconciliaron – reconcile

altercados – altercations

Mi abuela visitaba a toda la familia a diario, no quería perder detalles de sus **nietos** y de sus hijas. Todos los domingos íbamos a la **iglesia** y comíamos juntos en casa. Un día durante la misa, el cura habló de la importancia del **matrimonio**, de cómo las parejas deberían ser el **reflejo** del amor de Dios. De cómo debemos estar unidos como familia y apoyarnos los unos a los otros en momentos de **oscuridad**. Mi abuela era una **devota ferviente** que nos dio sus enseñanzas hasta su último día y que aún seguimos **aplicando**. Todos **extrañamos** esos almuerzos después de misa en que reíamos sin parar.

nietos – grandchildren

iglesia – church

matrimonio – marriage

reflejo – reflection

oscuridad – darkness

devota – devotee

ferviente – fervent

aplicando – apply

extrañamos – miss

Finalmente, mi tía Lorena se casó con Raúl una vez él retornó de la guerra. Él **lucía** guapo con el uniforme según sus amigas que le tenían una envidia sana. La **boda** de mi tía y Raúl fue pequeña, una boda civil **íntima** en la que asistieron los familiares más cercanos. Mi tía Lorena y Raúl no podían tener hijos, pero **adoptaron** a una niña.

lucía – looked

boda – wedding

íntima – intimate

adoptaron – adopted

Mi tía Lorena llevaba a su hija al colegio. Casi todos los niños ayudaban en el campo, pero ella quería que su hija aprendiera a leer y a escribir. Mi tía **cosía** todo el día porque quería que su hija fuera a la universidad cuando fuera mayor, pero era muy caro. Raúl trabajaba **arreglando** máquinas ya que en el ejército aprendió mecánica. Raúl nunca hablaba sobre cuando era soldado. Decía que la guerra era **antinatural** y que los hombres buenos hacían cosas malas cuando estaban en combate. Por la noche, Raúl **fabricaba** juguetes. En **Nochebuena**, los vendía en la calle y luego ponía todo el dinero en una hucha.

Blas, mi padre, murió en un **lamentable** accidente de **caza** y junto a mi madre nos convertimos en sus únicos **herederos**.

cosía – sewed

arreglando – fixing

antinatural – unnatural

fabricaba – made

Nochebuena – Christmas Eve

lamentable – unfortunate

caza – hunting

herederos – heirs

Pasaron los años, mi tía Lorena y Raúl están **jubilados**, tienen su casa con un jardín el cual cuidan con mucho amor ya que les **encantan** las flores. **Mantienen** una gran comunicación con su hija, mi prima.

Pasaron – passed

jubilados – retired

encantan – love

Mantienen – keep

Mi tía Lorena escribe novelas románticas y está **aprendiendo** inglés. Dice que nunca es tarde para aprender. Por las mañanas, va a la escuela de adultos. Quiere saber muchas cosas. Siempre quiso ir al colegio.

aprendiendo – learning

Mi tía Jimena **toma** café con ella en su terraza. Les gusta **pasear** juntas. Ella también está jubilada, pero a veces va a la **tienda**. Ahora es una tienda muy grande, los hijos de mi tía Sofía trabajan allí y es un **negocio** muy exitoso. Venden trajes y vestidos de novia. Uno de mis primos lleva la contabilidad, pero lo hace en un **ordenador**.

toma – drinks

pasear – go for a walk

tienda – shop

negocio – business

ordenador – computer

Mi mamá, Inés, va al gimnasio tres veces por semana. Quiere **estar en forma**, hace mucho ejercicio. No se ha vuelto a casar, es **viuda**. Ella dice que no necesita ningún hombre a su lado, **excepto** a mí que soy su hijo y compañero.

Y yo, quien les cuenta esta historia, me llamo Tomás. Me **parezco** mucho a mi padre, aunque no soy como él. Me siento muy **orgulloso** de mi mamá.

estar en forma – be in great shape

viuda – widow

excepto – except

parezco – look

orgulloso – proud

Ahora he **formado** mi propia familia. Me casé con una hermosa mujer hace siete años. Fue una boda grande. Todos mis **sobrinos**, **primos** y **tíos** vinieron a la boda. La familia de mi mujer también es **numerosa**. Fue una gran fiesta. Nos lo pasamos muy bien. Mi mujer llevaba un vestido blanco largo y hacía sol. Ella es una mujer fuerte y atractiva. Es **sordomuda**. Hablamos juntos en lenguaje de **signos**. Nos conocimos en la universidad. Ella es ingeniera y yo soy arquitecto.

formado – started

sobrinos – nephews

primos – cousins

tíos – uncles

numerosa – numerous

Le digo que estoy **enamorado** de ella todos los días. Se lo digo en voz alta, aunque no me oiga. También sabe leer los **labios**. Soy muy **afortunado**.

Mi madre me ha enseñado a **confiar** en las personas a las que quiero, y que la familia es lo más importante. Los amigos van y vienen. La familia siempre está ahí. Yo no soy celoso porque sé que mi esposa nunca me **haría daño**.

enamorado – in love

labios – lips

afortunado – lucky

confiar – trust

haría daño – hurt

Mi mujer y yo tenemos dos hijos. No puedo **diferenciarlos**. Son **gemelos idénticos**. Son altos y delgados como mi abuelo. Tienen los ojos claros como mi madre. A veces les enseño fotos **antiguas** de sus abuelos, sus bisabuelos y sus tíos. Para mí es muy importante que sepan su historia. Se **ríen** cuando ven fotos de cuando era pequeño. Era un niño muy gracioso y tenía los ojos grandes. Visitamos a mi madre siempre que podemos. Mi madre **mima** a sus nietos. Dice que los padres tienen que educar a sus hijos, y las abuelas tienen que mimar a sus nietos. Que es ley de vida. Mis hijos la **adoran**. Cocina su comida favorita y les compra muchos regalos de Navidad.

mellizos – twins

diferenciarlos – tell them apart

gemelos idénticos – identical twins

antiguas – old

ríen – laugh

mima – spoil

adoran – adore

En Navidad, cenamos todos juntos. Mi tía Jimena hace **pastel** de frutas y mi tío come un **trozo** antes de cenar. Mi tía le **regaña**. Mi tío es un hombre viejo y tiene el pelo blanco, pero parece un niño pequeño.

Todos mis primos están casados y tienen hijos. Como no **cabemos** todos en el **comedor**, comemos en el garaje porque es más grande.

pastel – cake

trozo – piece

regaña – scolds

cabemos – fit

comedor – dining room

En verano, vamos a la casa de mis **suegros**. Son una pareja muy **simpática**. Mi suegra tiene el pelo **blanco y rizado**. Mi suegro es un hombre alto y un poco gordo. A mi suegra le gusta cocinar, pero no come mucho. Por eso mi suegro está un poco gordo. A mi suegro le gusta **jugar** al póquer en el bar. Cuando vamos en verano, vamos juntos al bar y jugamos con sus amigos. Mi suegro siempre gana. Es muy bueno. Sus amigos se **enfadan** cuando pierden, pero hacen las **paces** en seguida. Se ríen y hacen bromas.

Mi suegra y mi madre se llevan muy bien. Las dos están de acuerdo en muchas cosas.

Tengo una familia grande y **unida**. Soy un hombre con muchísima suerte.

suegros – in-laws

simpática – charismatic

blanco y rizado – white and curly

jugar – play

enfadan – angry

paces – make up

unida – close-knit

QUESTIONS/ PREGUNTAS

1) ¿Quién tenía una relación a distancia con su novio?
   a) Sofía

   b) Jimena

   c) Lorena

   d) Inés

2) ¿Con quién trabajaba Jimena en su tienda?
   a) Con Sofía

   b) Con Lorena

   c) Con Inés

   d) Con su cuñado

3) ¿Qué le ocurrió a Sofía?
   a) Se divorció

   b) Se curó de su mala salud

   c) Fue a la escuela de adultos

   d) Murió

4) ¿Quién cuenta la historia?
   a) El hijo mayor de Sofía

   b) La hija de Lorena y Raúl

   c) El hijo de Inés y Blas

   d) El hijo menor de Sofía

5) ¿Qué profesión tiene la mujer de Tomás?
   a) Ingeniera

   b) Arquitecta

   c) Enfermera

   d) No ha estudiado

ANSWERS/ SOLUCIONES

1) C   2) B   3) D   4) C   5) A

RESUMEN

Mis abuelos eran una pareja adorable que vivió en un momento en que no tenían las comodidades que ahora disfrutamos, sin embargo, lograron criar a sus cuatro hijas incluyendo a mi mamá que era la menor de todas.

Ellos eran una pareja de trabajadores que le dieron mucho cariño y comprensión a sus hijas y a sus nietos por igual. Mis tías tuvieron una infancia con muchas carencias, algunas enfermedades, momentos difíciles, pero siempre tenían una gran actitud.

Mis tías también querían estudiar y eso las animó a aprender cada día un poquito más. Todas se cuidaban entre ellas y también a sus hijos que al final terminarían trabajando en la misma empresa familiar que fundaron mis tías. Cada una de ellas logró tener su propia familia según sus posibilidades y en mi caso fue un poco más difícil ya que mi papá no contaba con la aprobación de mis abuelos.

A pesar de todas las circunstancias mi familia siempre estuvo unida lo cual me hace sentir orgulloso de hacer parte de ella.

SUMMARY

My grandparents were an adorable couple who lived in a time when they didn't have the comforts we enjoy today. Nonetheless, they managed to raise their four daughters, including my mom, who was the youngest of them.

They were a couple of workers who gave a lot of affection and understanding to their daughters and their grandchildren equally. My aunts had a deprived childhood, some diseases, and hard times, but they always had a great attitude.

My aunts also wanted to study, and that encouraged them to learn a bit every day. All took care of each other and their children, who would eventually end up working in the same company my aunts founded. Each of them managed to have their own family according to their opportunities, and in my case it was a bit more complicated since my father didn´t have the approval of my grandparents.

Despite all the circumstances, my family always stood together, which makes me feel proud to be a part of it.

VOCABULARIO

época – time, era

agricultor – farmer

ama de casa – housewife

lavar – wash

lavadoras – washing machine

actitud – attitude

enferma – ill

Tristemente – sadly

enfermedades – illnesses

falleció – passed away

vacía – empty

alquiler – rent

relación – relationship

casaron – got married

ceremonia – ceremony

guapa – pretty

ingenua – innocent

malcriado – spoiled brat

sastre – tailor

costura – sewing

aprovechaba – took the opportunity

cartas – letters

escribir y – write and

 guerra – war

Practicaba – practice

aprender – learn

rápido – faster

trabajar – working

encargaba – in charge

trajes – suits

contabilidad – bookkeeping

calculadora – calculator

preocupados – concerned

consideraban – considered

joven – young

convertiría – become

descuido – careless move

embarazada – pregnant

impresión – impression

reconciliaron – reconcile

altercados – altercations

nietos – grandchildren

iglesia – church

matrimonio – marriage

reflejo – reflection

oscuridad – darkness

devota – devotee

ferviente – fervent

aplicando – apply

extrañamos – miss

lucía – looked

boda – wedding

íntima – intimate

adoptaron – adopted

cosía – sewed

arreglando – fixing

antinatural – unnatural

fabricaba – made

Nochebuena – Christmas Eve

lamentable – unfortunate

caza – hunting

herederos – heirs

Pasaron – passed

jubilados – retired

encantan – love

Mantienen – keep

aprendiendo – learning

toma – drinks

pasear – go for a walk

tienda – shop

negocio – business

ordenador – computer

estar en forma – be in great shape

viuda – widow

excepto – except

parezco – look

orgulloso – proud

formado – started

sobrinos – nephews

primos – cousins

tíos – uncles

numerosa – numerous

enamorado – in love

labios – lips

afortunado – lucky

confiar – trust

haría daño – hurt

mellizos – twins

diferenciarlos – tell them apart

gemelos idénticos – identical twins

antiguas – old

ríen – laugh

mima – spoil

adoran – adore

pastel – cake

trozo – piece

regaña – scolds

cabemos – fit

comedor – dining room

suegros – in-laws

simpática – charismatic

blanco y rizado – white and curly

jugar – play

enfadan – angry

paces – make up

unida – close-knit

TRANSLATION

Recuerdo el amor que se tenían mis abuelos en una época en que todo era un poco más difícil que ahora. Mi abuelo José era un agricultor alto y delgado y mi abuela Isabel era ama de casa y debía cuidar de sus cuatro hijas. Me imagino lo difícil que era lavar esa cantidad de ropa en el río ya que no existían lavadoras.

I remember the love my grandparents had for each other in a time when everything was a little bit harder than now. My grandfather José was a farmer who was tall and thin. And my grandmother Isabel was a housewife and had to take care of her four daughters. I imagine how difficult it was to wash all the clothes in the river as there were no washing machines.

Mi tía Sofía era la mayor de las hijas y recuerdo que ella tenía una gran actitud. Estaba enferma muy a menudo, lo que le daba un aspecto pálido y delgado. Tristemente después de una lucha constante en contra de sus enfermedades y muy joven, ella falleció.

My aunt Sofia was the eldest of the daughters and I remember she had a great attitude. She got ill very often, which gave her a pale and thin appearance. Sadly, after a constant struggle against her illnesses and at a very young age, she passed away.

Mi tía Jimena, la segunda hija, era muy inteligente. Un día en el mercado había una tienda vacía, preguntó a un señor y él le dijo que la tienda estaba en alquiler. Ella no tenía mucho dinero, pero la alquiló.

My aunt Jimena, the second daughter, was very smart. One day in the market there was an empty store and she asked a man and he told her the store was available for rent. She didn't have much money, but she rented it.

Mi otra tía, Lorena, tenía una relación a larga distancia con un soldado llamado Raúl. Un año después de terminar la guerra se casaron en una hermosa ceremonia. Mi mamá era la hija menor de mis abuelos, ella era guapa e ingenua según me cuentan. Mi mamá tenía un romance con un chico del pueblo, Blas. El chico era rico e importante, y también un malcriado que no le gustaba para nada a mis abuelos.

My other aunt, Lorena, had a long distance relationship with a soldier named Raul. One year after the war ended they got married in a beautiful ceremony. My mom was the youngest daughter of my grandparents and she was pretty and innocent, so I've been told. My mom had a romance with a boy from the town, Blas. The boy was rich and important, and a spoiled brat that my grandparents didn't like at all.

Mi tía Lorena quería ser sastre y tomaba clases de costura. Ella aprovechaba después de clases para enviarle cartas a su novio Raúl . Mi tía Lorena no asistió a la escuela y nadie le enseñó a leer ni a escribir y había conocido a su novio en una fiesta en el pueblo. Cuando él se fue a la guerra, ella aprendió a leer gracias a su mejor amiga y así poder entender que le escribía Raúl . Practicaba leyendo novelas románticas que le daban la inspiración para aprender a leer más rápido. Mi tía Lorena empezó a trabajar con mi tía Jimena y se encargaba de coser trajes mientras mi tía Jimena los vendía. Mi tía Jimena tampoco sabía leer ni escribir, y llevaba la contabilidad sin calculadora. Trabajar allí las hacía muy felices y después de trabajar juntas salían a recorrer el pueblo.

My aunt Lorena wanted to be a tailor and took sewing classes. She took the opportunity to send letters to her boyfriend Raul after classes. My aunt Lorena didn't go to school and nobody taught her how to read nor how to write, and she had met her boyfriend at a party in town. When he left for war, she learned to read thanks to her best friend so she could understand what Raul wrote to her. She used to practice reading romantic novels that inspired her to learn how to read faster. My aunt Lorena started working with my aunt Jimena and she was in charge of sewing suits, while my aunt Jimena sold them. My aunt Jimena couldn´t read or write either and did the bookkeeping without any calculator. Working there made them very happy and after working together they used to go for a walk in the town.

Por otro lado, mis abuelos estaban muy preocupados por Inés, la menor, mi mamá, ya que la consideraban muy joven e inocente. Ella siempre llegaba tarde a casa después de visitar a Blas, quien se convertiría en mi papá. En un descuido mi mamá quedó embarazada y a pesar de que Blas quería casarse con ella, mi mamá solo pensaba en mis abuelos y la impresión que tenían de Blas, que creían que era una mala persona. Mis padres se casaron en secreto, después nací yo y según mi mamá, yo era un bebé gordito y calvo. Finalmente, mis abuelos y mis padres se reconciliaron y olvidaron los altercados.

On the other hand, my grandparents were very concerned for Ines, the youngest, my mom, because they considered her to be young and innocent. She always came home late after visiting Blas, who would eventually become my dad. In a careless move, my mom got pregnant and even though Blas wanted to marry her, my mom only thought about my grandparents and the impression they had of Blas, whom they thought was a bad man. My parents got married in secret. Later on I was born, and according to my mom, I was a bald, fat baby. Finally, my grandparents and my parents reconciled and they forgot all the altercations.

Mi abuela visitaba a toda la familia a diario, no quería perder detalles de sus nietos y de sus hijas. Todos los domingos íbamos a la iglesia y comíamos juntos en casa. Un día durante la misa, el cura habló de la importancia del matrimonio, de cómo las parejas deberían ser el reflejo del amor de Dios. De cómo debemos estar unidos como familia y apoyarnos los unos a los otros en momentos de oscuridad. Mi abuela era una devota ferviente que nos dio sus enseñanzas hasta su último día y que aún seguimos aplicando. Todos extrañamos esos almuerzos después de misa en que reíamos sin parar.

My grandmother visited the whole family every day, not wanting to miss any details of her grandchildren and daughters. Every Sunday, we went to church and ate together at home. One day during mass, the priest talked about the importance of marriage, how couples should be a reflection of God´s love, and how we should be together as a family and support each other in moments of darkness. My grandmother was a fervent devotee who gave us her teachings until her last day, which we still apply. We all miss those lunches after mass when we laughed non-stop.

Finalmente, mi tía Lorena se casó con Raúl una vez él retornó de la guerra. Él lucía guapo con el uniforme según sus amigas que le tenían una envidia sana. La boda de mi tía y Raúl fue pequeña, una boda civil íntima en la que asistieron los familiares más cercanos. Mi tía Lorena y Raúl no podían tener hijos, pero adoptaron a una niña.

Finally, my aunt Lorena married Raul once he came back from the war. He looked handsome in his uniform according to her friends, who had a healthy envy of her. The wedding of my aunt and Raul was small, an intimate civil wedding attended by the closest family members. My aunt Lorena and Raul couldn't have any children, but they adopted a little girl.

Mi tía Lorena llevaba a su hija al colegio. Casi todos los niños ayudaban en el campo, pero ella quería que su hija aprendiera a leer y a escribir. Mi tía cosía todo el día porque quería que su hija fuera a la universidad cuando fuera mayor, pero era muy caro. Raúl trabajaba arreglando máquinas ya que en el ejército aprendió mecánica. Raúl nunca hablaba sobre cuando era soldado. Decía que la guerra era antinatural y que los hombres buenos hacían cosas malas cuando estaban en combate. Por la noche, Raúl fabricaba juguetes. En Nochebuena, los vendía en la calle y luego ponía todo el dinero en una hucha.

Blas, mi padre, murió en un lamentable accidente de caza y junto a mi madre nos convertimos en sus únicos herederos.

My aunt Lorena took her daughter to school. Almost all the children helped in the fields, but she wanted her daughter to learn to read and write. My aunt sewed all day because she wanted her daughter to go to college when she grew up, but it was expensive. Raul worked fixing machines since he had learned mechanics in the army. Raul never talked about the time he spent as a soldier. He used to say that the war was unnatural and that all good men did bad things when they were in combat. At night, Raul made toys. On Christmas Eve, he would go out on the street and sell them. Then he put all the money in a piggy bank.

Blas, my father died in an unfortunate hunting accident, and together with my mom, we became his sole heirs.

Pasaron los años, mi tía Lorena y Raúl están jubilados, tienen su casa con un jardín el cual cuidan con mucho amor ya que les encantan las flores. Mantienen una gran comunicación con su hija, mi prima.

Years passed, and my aunt Lorena and Raul are retired. Their house has a garden, which they take care of tenderly and lovingly as they love flowers. They keep in touch with their daughter, my cousin.

Mi tía Lorena escribe novelas románticas y está aprendiendo inglés. Dice que nunca es tarde para aprender. Por las mañanas, va a la escuela de adultos. Quiere saber muchas cosas. Siempre quiso ir al colegio.

My aunt Lorena writes romantic novels and is currently learning English. She says it's never too late to learn. In the mornings, she attends adult school. She wants to acquire a lot of knowledge. She always wanted to go to school.

Mi tía Jimena toma café con ella en su terraza. Les gusta pasear juntas. Ella también está jubilada, pero a veces va a la tienda. Ahora es una tienda muy grande, los hijos de mi tía Sofía trabajan allí y es un negocio muy exitoso. Venden trajes y vestidos de novia. Uno de mis primos lleva la contabilidad, pero lo hace en un ordenador.

My aunt Jimena drinks coffee with her on her terrace. They enjoy going for a walk together. She is also retired but goes to the store from time to time. Now it is a huge shop. The sons of my aunt Sofia work there and it is a very successful business. They sell suits and bridal gowns. One of my cousins does the bookkeeping, but now he does it on a computer.

Mi mamá, Inés, va al gimnasio tres veces por semana. Quiere estar en forma, hace mucho ejercicio. No se ha vuelto a casar, es viuda. Ella dice

que no necesita ningún hombre a su lado, excepto a mí que soy su hijo y compañero.

Y yo, quien les cuenta esta historia, me llamo Tomás. Me parezco mucho a mi padre, aunque no soy como él. Me siento muy orgulloso de mi mamá.

My mom, Ines, goes to the gym three times per week. She wants to be in great shape and works out a lot. She never got married again; she is a widow. She says she doesn't need any man by her side except for me, her son and partner.

And me, the one who is telling you the story, my name is Tomas. I look a lot like my father, even though I'm not like him. I'm very proud of my mom.

Ahora he formado mi propia familia. Me casé con una hermosa mujer hace siete años. Fue una boda grande. Todos mis sobrinos, primos y tíos vinieron a la boda. La familia de mi mujer también es numerosa. Fue una gran fiesta. Nos lo pasamos muy bien. Mi mujer llevaba un vestido blanco largo y hacía sol. Ella es una mujer fuerte y atractiva. Es sordomuda. Hablamos juntos en lenguaje de signos. Nos conocimos en la universidad. Ella es ingeniera y yo soy arquitecto.

Now I've started my own family. I married a beautiful woman seven years ago. It was a big wedding. All my nephews, cousins, and uncles came to the wedding. my wife's family is also numerous. It was a great party. We had a great time. My wife was wearing a long white dress and the day was sunny.

She is a strong and attractive woman. She is a deaf-mute. We speak in sign language. We met in college. She is an engineer and I'm an architect.

Le digo que estoy enamorado de ella todos los días. Se lo digo en voz alta, aunque no me oiga. También sabe leer los labios. Soy muy afortunado.

Mi madre me ha enseñado a confiar en las personas a las que quiero, y que la familia es lo más importante. Los amigos van y vienen. La familia siempre está ahí. Yo no soy celoso porque sé que mi esposa nunca me haría daño.

I tell her every day that I'm in love with her. I say that out loud, even if she can't hear me. She also knows how to read the lips. I am a lucky man.

My mother taught me to trust in the people I love, and that family is the most important thing. Friends come and go. But family will always be there. I'm not jealous because I know my wife would never hurt me.

Mi mujer y yo tenemos dos hijos. No puedo diferenciarlos. Son gemelos idénticos. Son altos y delgados como mi abuelo. Tienen los ojos claros como mi madre. A veces les enseño fotos antiguas de sus abuelos, sus bisabuelos y sus tíos. Para mí es muy importante que sepan su historia. Se ríen cuando ven fotos de cuando era pequeño. Era un niño muy gracioso y tenía los ojos grandes. Visitamos a mi madre siempre que podemos. Mi madre mima a sus nietos. Dice que los padres tienen que educar a sus hijos, y las abuelas tienen que mimar a sus nietos. Que es ley de vida. Mis hijos la adoran. Cocina su comida favorita y les compra muchos regalos de Navidad.

My wife and I have two children. I can't tell them apart. They are identical twins. They are tall and thin like my grandfather. They have light eyes like my mother. Sometimes I show them old photos of their grandparents, great-grandparents, and uncles. It is important to me that they know their history. They laugh when they see pictures of when I was little. I was a funny little boy with big eyes. We go visit my mother whenever we can. My mother spoils her grandchildren. She says that parents have to educate their children, and grandmothers have to spoil their grandchildren. That this is the law of life. My kids adore her. She cooks their favorite foods and buys them lots of Christmas presents.

En Navidad, cenamos todos juntos. Mi tía Jimena hace pastel de frutas y mi tío come un trozo antes de cenar. Mi tía le regaña. Mi tío es un hombre viejo y tiene el pelo blanco, pero parece un niño pequeño.

Todos mis primos están casados y tienen hijos. Como no cabemos todos en el comedor, comemos en el garaje porque es más grande.

On Christmas, we all have dinner together. My aunt Jimena makes a fruitcake, and my uncle eats a big piece before dinner. My aunt scolds him. My uncle is an old man with white hair, but he looks like a little kid.

All my cousins are married and have kids. Since we do not all fit in the dining room, we eat in the garage because it's bigger.

En verano, vamos a la casa de mis suegros. Son una pareja muy simpática. Mi suegra tiene el pelo blanco y rizado. Mi suegro es un hombre alto y un poco gordo. A mi suegra le gusta cocinar, pero no come mucho. Por eso mi suegro está un poco gordo. A mi suegro le gusta jugar al póquer en el bar. Cuando vamos en verano, vamos juntos al bar y jugamos con sus amigos. Mi suegro siempre gana. Es muy bueno. Sus amigos se enfadan cuando pierden, pero hacen las paces en seguida. Se ríen y hacen bromas.

Mi suegra y mi madre se llevan muy bien. Las dos están de acuerdo en muchas cosas.

Tengo una familia grande y unida. Soy un hombre con muchísima suerte.

In the summer, we go to my in-laws' house. They are a very charismatic couple. My mother-in-law has white curly hair. My father-in-law is a tall man and a bit fat. My mother-in-law likes to cook, but she doesn't eat much. That's why my father-in-law is quite fat. My father-in-law likes to play poker in the bar. When we go there in the summer, we go to the bar together and play with his friends. My father-in-law always wins. He is good. His friends get angry when they lose, but they make up straight away. They laugh and crack jokes.

My mother-in-law and my mother get along very well. They both agree on a lot of things.

I have a big, close-knit family. I'm a man with lots of luck.

JULIÁN

Todos los días Julián sigue la misma **rutina**. Se levanta a las seis y media de la mañana y se prepara un café muy fuerte para **despejarse**, acompañado de dos tostadas con mantequilla y mermelada de **arándanos**. Julián desayuna mientras lee el periódico en su teléfono móvil y mira los tweets. Pasa mucho tiempo en esta **red social.** Siempre se ríe mucho. Empezar el día sonriendo es muy importante.

Después sale a correr un poco por el barrio, no mucho, treinta minutos máximo. Julián se activa del todo. Siente que su cuerpo se despierta.

Julián se ducha con agua caliente, y sale de su casa a las ocho en punto de la mañana, ni un minuto antes, ni un minuto después. Siempre es **puntual**. A las ocho en punto, su vecina Lola abre la ventana de su casa y le saluda. Lleva puesto un pijama rosa y una **bata** verde. A Julián le **embelesa** la sonrisa de Lola.

rutina – routine

despejarse – to clear one's head

arándanos – blueberry

red social – social network

puntual – punctual

bata – dressing gown

embelesa (embelesar) – captivates (to captivate)

Julián llega al trabajo **silbando** y cantando una canción pop. Siempre escucha la radio durante el corto **trayecto** hasta la oficina. Se sienta en su mesa y enciende su ordenador preparado para comenzar una larga **jornada laboral.**

A las dos en punto empieza el **descanso** para comer. Julián come siempre con su **compañero de trabajo,** Luis, en el restaurante Casa Juanita. No es un restaurante de **lujo**, pero la comida es **casera** y el precio del menú muy **asequible**. Doña Juanita les da de comer **a diario** y les trata **estupendamente.** A veces les regala con un **trozo** de **bizcocho** o unas **galletas** para acompañar al café. La verdad, se sienten como en su **propia** casa.

silbando (silbar) – whistling (to whistle)

trayecto – journey

jornada laboral – workday

descanso – break

compañero/a de trabajo – workmate

lujo – luxury

casero/a – homemade

asequible – affordable

a diario – daily

estupendamente – wonderfully

trozo – piece

bizcocho – sponge cake

galletas – cookies, biscuits

propia – own

Después de comer, a las tres en punto, vuelven a la oficina y continúan con su trabajo hasta las seis en punto.

Cuando sale de trabajar, Julián saca su bolsa de deporte del coche y va al gimnasio que está a las **afueras** de la ciudad. Está un poco lejos, pero le gusta porque tiene una **piscina** pequeña en la que puede **zambullirse** de vez en cuando para nadar **un rato**. Ningún otro gimnasio de la ciudad tiene piscina y a Julián le encanta nadar.

Tras el gimnasio, y siempre a las ocho en punto de la tarde, Julián vuelve a casa. A esa hora, todos los días, Lola **saca a su perro a pasear.** Se saludan sonrientes. Julián nunca se **ha atrevido** a decirle nada más que "hola" y "adiós". Julián es tímido.

Después de ver a Lola y de soñar despierto por un instante, sube a su casa, toma una cena ligera y un vaso de leche caliente, y se mete en la cama. Lee un rato hasta que **tiene sueño.**

afueras – outskirts

piscina – swimming pool

zambullirse – to plunge

un rato – a while

saca a su perro a pasear – walks her dog

se ha atrevido (atreverse) – dared (to dare)

tiene sueño – is sleepy

LOLA

A Lola no le gusta nada **madrugar**, pero todos los días, sin excepción, **pone el despertador** a las ocho menos cinco. Lola espera al lado de la ventana, hasta ver aparecer a su vecino Julián a las ocho en punto. Cuando le ve, Lola sube las **persianas** y le saluda sonriente. A Lola le gusta mucho su vecino Julián. Cuando

Julián sube a su coche y se va a trabajar, ella baja las persianas y se mete en la cama otra vez para poder dormir unas pocas horas más. Casi siempre sueña con él.

madrugar – to wake up early

pone el despertador – sets the alarm

persianas – blinds

A las once de la mañana se levanta por fin y, sin desayunar, se mete en la ducha. Se ducha con agua bien fría para **desperezarse** y empezar el día llena de energía y vitalidad.

Antes de ir al trabajo, Lola saca a pasear a su perro. Lola es camarera en uno de los restaurantes del **centro comercial** de la ciudad, En el restaurante hace dos **turnos**, uno de una del mediodía a cuatro de la tarde, y otro de nueve de la noche a una de la madrugada. Por la tarde, sale a pasear con el perro a las ocho. Es un poco tarde y luego tiene que **apresurarse** para **llegar a tiempo** al trabajo, pero es la hora en la que Julián regresa y no quiere **dejar pasar la oportunidad** de volver a verle.

desperezarse – to stretch out

centro comercial – shopping centre

turnos – shifts

apresurarse – to rush

llegar a tiempo – to be on time

dejar pasar la oportunidad – to miss the opportunity

JULIÁN

Hoy es un día diferente. Julián ha decidido ser **valiente** y va a hablar con Lola. Está tan enamorado que no quiere esperar ni un día más.

Se levanta a la misma hora de siempre y desayuna su café y sus tostadas con arándanos mientras lee el periódico. Los tweets de hoy no son demasiado divertidos, pero él **se ríe a carcajadas.**

Sale a correr y lo hace más rápido que otras veces. Parece que la cafeína ha hecho **más** efecto **que de costumbre**. Cuando vuelve a casa está un buen rato bajo el agua de la ducha, soñando despierto otra vez. Julián se imagina cómo será el día de hoy.

Son las ocho de la mañana. Qué extraño. Hoy, Lola no está subiendo las persianas. ¿Se habrá **quedado dormida**? No importa. Esta tarde, cuando vuelva del trabajo y la vea paseando al perro, hablará con ella.

valiente – brave

se ríe a carcajadas (reir) – he laughs out loud (to laugh)

más que de costumbre – more than usual

quedado dormida – slept in

A la hora de comer, le pide a doña Juanita que **le desee suerte**.

— Puede que hoy cambie mi vida —le dice con una sonrisa de oreja a oreja.

Doña Juanita no entiende nada y mira a Luis, el compañero de Julián, que encoge los hombros sin saber tampoco de qué habla su amigo. Pero le desea suerte de todos modos y le pone una **ración** extra de bizcocho de chocolate con el café.

En el gimnasio Julián está un buen rato en la piscina, nadando de un lado a otro sin parar.

Julián mira **de reojo** el reloj que cuelga de pared. No quiere llegar tarde a casa.

Ya son las ocho y cuarto. Lleva más de 30 minutos esperando a que Lola aparezca con su perro. No la ve en ningún sitio. Julián oye **ladridos** dentro de la casa.

Empieza a preocuparse... ¿le habrá pasado algo? Espera un poco más. A las nueve en punto de la noche decide que no tiene ningún sentido esperar más. Sube a su casa. Julián está triste y **cabizbajo**.

le desee suerte (desear) – wish him luck (to wish)

ración – portion

de reojo – sideways

ladridos – barks

cabizbajo – dejected, downcast

LOLA

Lola se despierta pero no sabe qué hora es. Tampoco entiende por qué le duele tanto la cabeza. ¿De dónde viene ese continuo **pitido** intermitente que no deja de escuchar? Abre los ojos y no reconoce la habitación donde está.

—Buenos días Lola —le dice una voz—, anoche tuviste un **accidente de tráfico** y ahora estás en el hospital. Pero no te preocupes. Sólo tienes una pierna **rota** y un fuerte **golpe** en la cabeza. En cuanto nos aseguremos de que estás bien, podrás irte a casa.

Ahora, Lola lo recuerda todo. Antes de ayer, sacó al perro a las ocho en punto de la noche. Como todos los días, después tuvo que correr para poder llegar a tiempo al trabajo. Durante el trayecto, **pisó el acelerador** un poco más de lo debido para intentar **evitar** que un **semáforo** se pusiera en rojo y la **retrasase** aún más. No tuvo tiempo suficiente y no lo consiguió. Lola **chocó** contra otro coche. Después de eso ya no recuerda nada.

Ahora Lola sólo piensa en su perro, que estará sólo en casa, y en Julián.

pitido – ringing

accidente de tráfico – car accident

rota – broken

golpe – blow

pisó el acelerador(pisar) – stepped on the gas (to step)

evitar – to avoid

semáforo – traffic light

retrasase (retrasar) – delayed (to delay)

chocó (chocar) – crashed (to crash)

JULIÁN

De nuevo las ocho y Lola no ha subido las persianas. Se oye al perro llorar dentro de la **vivienda.** Julián está realmente preocupado. ¿Qué ha podido pasar?

Pasa el día **absorto** en sus pensamientos, hoy no **silba** ni canta de camino al trabajo. No ha querido comerse el generoso trozo de **tarta de manzana** que doña Juanita le ha servido con el café de la comida.

Tampoco ha ido al gimnasio. Simplemente ha vuelto a casa y se ha sentado en un **banco** a esperar.

vivienda – home

absorto – absorbed

tarta de manzana – apple pie

banco – bench

LOLA

Por fin la dejan salir del hospital. Todavía no sabe andar muy bien con las **muletas**, pero tan sólo necesita práctica. El médico le ha dicho que tendrá que llevar la **escayola** durante cuarenta días, así que será mejor que empiece a **acostumbrase** a ellas.

JULIÁN

Cuando Julián ve el taxi, no se imagina que Lola va ahí dentro. De hecho, **apenas** la reconoce cuando la ve salir del automóvil con la pierna escayolada, las muletas en las manos y una **venda** en la cabeza. Pero pronto se da cuenta de es ella y se levanta de un **salto** del banco en el que lleva toda la tarde sentado esperando.

LOLA

Hoy Lola no va a madrugar.

JULIÁN

Son las seis y media y Julián se levanta de la cama de un salto. Se mete directamente en la ducha y al salir prepara café y tostadas con arándanos. Hoy no va a correr, ni a leer la prensa o tweets graciosos que le hagan sonreír.

A las siete y cuarto sale de casa. En las manos lleva un termo de café y un plato de tostadas calientes **recién hechas**. Tiene una sonrisa de oreja a oreja. Hoy no tiene que soñar despierto, sólo tiene que cruzar la calle. Julián saca a pasear al perro de Lola. Ella les ve a través de la ventana mientras come tostadas.

muletas – crutches

escayola – plaster (cast)

acostumbrarse – to get used to

apenas – barely

venda – bandage

salto – jump

recién hechas – just made

QUESTIONS/ PREGUNTAS

1) ¿A qué hora se levanta Julián?
   a) 6
   b) 6:30
   c) 7:55
   d) 8

2) ¿Por qué va Julián a ese gimnasio?
   a) Porque está cerca
   b) Porque va Lola
   c) Porque tiene piscina
   d) Porque es barato

3) ¿Por qué madruga Lola?
   a) Para ver a Julián
   b) Para sacar al perro
   c) Porque tiene que ir a trabajar
   d) Porque le gusta levantarse pronto

4) ¿Qué le ocurre a Lola en el accidente?
   a) Se rompe un brazo
   b) Se rompe una pierna
   c) Se rompe las dos piernas
   d) No le pasa nada

5) ¿Qué le lleva Julián a Lola para desayunar?
   a) Un café y un trozo de tarta de manzana.
   b) Un café y un trozo de bizcocho.
   c) Un café y unas tostadas de fresa.
   d) Un café y unas tostadas de arándanos.

ANSWERS/ SOLUCIONES

1) B   2) C   3) A   4) B   5) D

RESUMEN

Julián y Lola son vecinos. Julián se levanta muy temprano todos los días. Siempre sale de casa a la misma hora para poder ver a Lola.

Cada tarde, Lola llega tarde al trabajo. Pasea al perro muy tarde porque quiere ver a Julián.

Él es muy tímido, pero quiere invitar a Lola a salir.

Julián espera a Lola en la calle a la misma hora de todos los días, pero ella no aparece.

Lola ha tenido un accidente de coche y está en el hospital.

Julián la ve llegar a casa con una pierna rota. Se ofrece a pasear a su perro y le lleva el desayuno a su casa.

SUMMARY

Julián and Lola are neighbours. He wakes up very early every day. He always gets out at the same time so he can see Lola.

Every afternoon, Lola is late for work. She walks her dog very late because she wants to see Julián.

He is very shy, but wants to ask Lola out.

Julián waits for Lola on the street at the same time everyday, but she doesn't show up.

She's had a car accident and she's in the hospital.

Julián sees her coming home with a broken leg. He offers to walk her dog and brings breakfast to her home.

VOCABULARIO

rutina – routine

despejarse – to clear one's head

arándanos – blueberry

red social – social network

puntual – punctual

bata – dressing gown

embelesa (embelesar) – captivates (to captivate)

silbando (silbar) – whistling (to whistle)

trayecto – journey

jornada laboral – workday

descanso – break

compañero/a de trabajo – workmate

lujo – luxury

casero/a – homemade

asequible – affordable

a diario – daily

estupendamente – wonderfully

trozo – piece

bizcocho – sponge cake

galletas – cookies, biscuits

propia – own

afueras – outskirts

piscina – swimming pool

zambullirse – to plunge

un rato – a while

saca a su perro a pasear – walks her dog

se ha atrevido (atreverse) – dared (to dare)

tiene sueño – is sleepy

madrugar – to wake up early

pone el despertador – sets the alarm

persianas – blinds

desperezarse – to stretch out

centro comercial – shopping centre

turnos – shifts

apresurarse – to rush

llegar a tiempo – to be on time

dejar pasar la oportunidad – to miss the opportunity

valiente – brave

se ríe a carcajadas (reir) – he laughs out loud (to laugh)

más que de costumbre – more than usual

quedado dormida – slept in

le desee suerte (desear) – wish him luck (to wish)

ración – portion

de reojo – sideways

ladridos – barks

cabizbajo – dejected, downcast

pitido – beep

accidente de tráfico – car accident

rota – broken

golpe – blow

pisó el acelerador(pisar) – stepped on the gas (to step)

evitar – to avoid

semáforo – traffic light

retrasase (retrasar) – delayed (to delay)

chocó (chocar) – crashed (to crash)

vivienda – home

absorto – absorbed

tarta de manzana – apple pie

banco – bench

muletas – crutches

escayola – plaster (cast)

acostumbrarse – to get used to

apenas – barely

venda – bandage

salto – jump

recién hechas – just made

TRANSLATION

JULIÁN

Todos los días Julián sigue la misma rutina. Se levanta a las seis y media de la mañana y se prepara un café muy fuerte para despejarse, acompañado de dos tostadas con mantequilla y mermelada de arándanos. Julián desayuna mientras lee el periódico en su teléfono móvil y mira los tweets. Pasa mucho tiempo en esta red social. Siempre se ríe mucho. Empezar el día sonriendo es muy importante.

Después sale a correr un poco por el barrio, no mucho, treinta minutos máximos. Julián se activa del todo. Siente que su cuerpo se despierta.

Julián se ducha con agua caliente, y sale de su casa a las ocho en punto de la mañana, ni un minuto antes, ni un minuto después. Siempre es puntual. A las ocho en punto, su vecina Lola abre la ventana de su casa y le saluda. Lleva puesto un pijama rosa y una bata verde. A Julián le embelesa la sonrisa de Lola.

Every day Julián follows the same routine. He wakes up at six thirty in the morning and makes a very strong coffee to clear his head, accompanied by two toasts with butter and blueberry jam. Julián has breakfast while reading the newspaper on his mobile phone and looks at the tweets. He spends a lot of time in this social network. He always laughs a lot. To start the day smiling is very important. After that, he runs a little through the neighborhood, not much, thirty minutes maximum.

Julián gets active. He feels his body waking up.

Julián takes a shower with hot water, and leaves home at eight o' clock in the morning, not a minute before, nor a minute later. He is always punctual. At eight o' clock, his neighbor Lola opens the window of her house and greets him. She's wearing pink pajamas and a green night gown. Julian is captivated by Lola's smile.

Julián llega al trabajo silbando y cantando una canción pop. Siempre escucha la radio durante el corto trayecto hasta la oficina. Se sienta en su mesa y enciende su ordenador preparado para comenzar una larga jornada laboral.

A las dos en punto empieza el descanso para comer. Julián come siempre con su compañero de trabajo, Luis, en el restaurante Casa Juanita. No es un restaurante de lujo, pero la comida es casera y el precio del menú muy asequible. Doña Juanita les da de comer a diario y les trata estupendamente. A veces les regala con un trozo de bizcocho

o unas galletas para acompañar al café. La verdad, se sienten como en su propia casa.

Julián arrives to work whistling and singing a pop song. He always listens to the radio during the short journey to the office. He sits at his desk and turns on his computer getting ready to start a long workday.

At two o'clock his lunch break begins. Julián always eats with his workmate, Luis, at the restaurant Casa Juanita. It isn't a luxury restaurant, but the food is homemade, and the price of the menu is affordable. Mrs. Juanita feeds them daily and treats them wonderfully. Sometimes she gives them a piece of sponge cake or some cookies to accompany the coffee. Being honest, they feel at home.

Después de comer, a las tres en punto, vuelven a la oficina y continúan con su trabajo hasta las seis en punto.

Cuando sale de trabajar, Julián saca su bolsa de deporte del coche y va al gimnasio que está a las afueras de la ciudad. Está un poco lejos, pero le gusta porque tiene una piscina pequeña en la que puede zambullirse de vez en cuando para nadar un rato. Ningún otro gimnasio de la ciudad tiene piscina y a Julián le encanta nadar.

Tras el gimnasio, y siempre a las ocho en punto de la tarde, Julián vuelve a casa. A esa hora, todos los días, Lola saca a su perro a pasear. Se saludan sonrientes. Julián nunca se ha atrevido a decirle nada más que "hola" y "adiós". Julián es tímido.

Después de ver a Lola y de soñar despierto por un instante, sube a su casa, toma una cena ligera y un vaso de leche caliente, y se mete en la cama. Lee un rato hasta que tiene sueño.

After lunch, at three o'clock, they return to the office and continue working until six o 'clock.

When he leaves work, Julián takes his sports bag out of the car and goes to the gymnasium that is in the outskirts of the city. It is a bit far, but he likes it because it has a small swimming pool in which he can plunge from time to time to swim for a while. No other gymnasium in the city has a pool and Julián loves to swim.

After the gymnasium, and always at eight o' clock in the evening, Julián returns home. At that time, every day, Lola walks her dog. They greet each other smiling. Julián has never dared to say more than "hello" and "goodbye". Julián is shy.

After seeing Lola and daydreaming for an instant, he goes home, has a light dinner and a glass of hot milk, and he goes to bed. He reads for a while until he gets sleepy.

LOLA

A Lola no le gusta nada madrugar, pero todos los días, sin excepción, pone el despertador a las ocho menos cinco. Lola espera al lado de la ventana, hasta ver aparecer a su vecino Julián a las ocho en punto. Cuando le ve, Lola sube las persianas y le saluda sonriente. A Lola le gusta mucho su vecino Julián. Cuando Julián sube a su coche y se va a trabajar, ella baja las persianas y se mete en la cama otra vez para poder dormir unas pocas horas más. Casi siempre sueña con él.

Lola doesn't like to wake up early, but every day, without exception, she sets the alarm at eight minus five. Lola waits by the window, until her neighbor Julián shows up at eight o'clock. When she sees him, Lola raises the blinds and waves at him smiling. Lola likes her neighbor Julián very much. When Julián gets in his car and leaves for work, she lowers the blinds and gets in the bed again so she can sleep a few more hours. She dreams of him almost always.

A las once de la mañana se levanta por fin y, sin desayunar, se mete en la ducha. Se ducha con agua bien fría para desperezarse y empezar el día llena de energía y vitalidad.

Antes de ir al trabajo, Lola saca a pasear a su perro. Lola es camarera en uno de los restaurantes del centro comercial de la ciudad, En el restaurante hace dos turnos, uno de una del mediodía a cuatro de la tarde, y otro de nueve de la noche a una de la madrugada. Por la tarde, sale a pasear con el perro a las ocho. Es un poco tarde y luego tiene que apresurarse para llegar a tiempo al trabajo, pero es la hora en la que Julián regresa y no quiere dejar pasar la oportunidad de volver a verle.

At eleven in the morning she finally gets up and, without having breakfast, she gets in the shower. She showers with cold water to stretch out and start the day full of energy and vitality.

Before going to work, Lola takes her dog for a walk. Lola is a waitress in one of the restaurants in the shopping centre of the city; in the restaurant she takes two shifts, one from one in the noon to four in the afternoon, and another one from nine at night to one in the morning. In the evening, she takes her dog for a walk at eight o' clock. It is a little late and then she has to rush to be on time for work, but that's the time when Julián comes back, and she doesn't want to miss the opportunity of seeing him again.

JULIÁN

Hoy es un día diferente. Julián ha decidido ser valiente y va a hablar con Lola. Está tan enamorado que no quiere esperar ni un día más.

Se levanta a la misma hora de siempre y desayuna su café y sus tostadas con arándanos mientras lee el periódico. Los tweets de hoy no son demasiado divertidos, pero él se ríe a carcajadas.

Sale a correr y lo hace más rápido que otras veces. Parece que la cafeína ha hecho más efecto que de costumbre. Cuando vuelve a casa está un buen rato bajo el agua de la ducha, soñando despierto otra vez. Julián se imagina cómo será el día de hoy.

Son las ocho de la mañana. Qué extraño. Hoy, Lola no está subiendo las persianas. ¿Se habrá quedado dormida? No importa. Esta tarde, cuando vuelva del trabajo y la vea paseando al perro, hablará con ella.

Today is a different day. Julian has decided to be brave and will to talk to Lola. He is so in love that he doesn't want to wait a single day more.

He wakes up at the same time that he always does and has his coffee and toast with blueberry for breakfast while reading the newspaper. Today's tweets are not too funny, but he laughs out loud.

He goes for a run and does it faster than other times. It seems that caffeine has affected him more than usual. When he returns home, he stays for a while under the shower's water, daydreaming again. Julián imagines what it will be like today. It is eight in the morning. How weird. Today, Lola is not raising the blinds. Maybe she has slept in? It doesn't matter. This evening, when he gets back from work and sees her walking her dog, he will talk to her.

A la hora de comer, le pide a doña Juanita que le desee suerte.

—Puede que hoy cambie mi vida —le dice con una sonrisa de oreja a oreja.

Doña Juanita no entiende nada y mira a Luis, el compañero de Julián, que encoge los hombros sin saber tampoco de qué habla su amigo. Pero le desea suerte de todos modos y le pone una ración extra de bizcocho de chocolate con el café.

En el gimnasio Julián está un buen rato en la piscina, nadando de un lado a otro sin parar.

Julián mira de reojo el reloj que cuelga de pared. No quiere llegar tarde a casa.

Ya son las ocho y cuarto. Lleva más de 30 minutos esperando a que Lola aparezca con su perro. No la ve en ningún sitio. Julián oye ladridos dentro de la casa.

Empieza a preocuparse... ¿le habrá pasado algo? Espera un poco más. A las nueve en punto de la noche decide que no tiene ningún sentido esperar más. Sube a su casa. Julián está triste y cabizbajo.

At lunch time, he asks Mrs. Juanita to wish him luck.

—My life could change today —he says with a smile from ear to ear.

Mrs. Juanita doesn't understand a thing and looks at Luis, Julian's workmate, who shrugs without knowing what his friend is talking about. But she wishes him luck anyway and gives him an extra portion of chocolate sponge cake with his coffee.

In the gymnasium Julián spends a long time in the swimming pool, swimming from one side to another without stopping.

Julián looks sideways at the clock that hangs on the wall. He doesn't want to be home late. It is already eight fifteen. He's been waiting for more than 30 minutes for Lola to show up with her dog. He doesn't see her anywhere. Julián hears barks inside the house. He starts getting worried... Has something happened to her? He waits a little more. At nine o' clock in the night he decides that it makes no sense to wait much longer. He goes up to his home. Julián is sad and dejected.

LOLA

Lola se despierta, pero no sabe qué hora es. Tampoco entiende por qué le duele tanto la cabeza. ¿De dónde viene ese continuo pitido intermitente que no deja de escuchar? Abre los ojos y no reconoce la habitación donde está.

—Buenos días Lola —le dice una voz—, anoche tuviste un accidente de tráfico y ahora estás en el hospital. Pero no te preocupes. Sólo tienes una pierna rota y un fuerte golpe en la cabeza. En cuanto nos aseguremos de que estás bien, podrás irte a casa.

Ahora, Lola lo recuerda todo. Antes de ayer, sacó al perro a las ocho en punto de la noche. Como todos los días, después tuvo que correr para poder llegar a tiempo al trabajo. Durante el trayecto, pisó el acelerador un poco más de lo debido para intentar evitar que un semáforo se pusiera en rojo y la retrasase aún más. No tuvo tiempo suficiente y no lo consiguió. Lola chocó contra otro coche. Después de eso ya no recuerda nada.

Ahora Lola sólo piensa en su perro, que estará sólo en casa, y en Julián.

Lola wakes up but she doesn't know what time it is. Nor does she understand why her head hurts so much. Where does that continuous intermittent ringing that she can't stop hearing comes from? She opens her eyes and doesn't recognize the room where she is.

—Good morning, Lola —says a voice—, last night you had a car accident and now you are in the hospital. But don't worry. You only have a broken leg and a string blow to the head. When we make sure that you are okay, you'll be able to go home.

Now Lola remembers everything. Before yesterday, she walked the dog at eight o'clock in the night. Just like any other day, she had to rush to be on time for work. In the journey, she stepped on the gas a little more than she should to try to avoid that the traffic light turned red and delayed her even more. She didn't have enough time and didn't get it. Lola crashed into another car. After that, she doesn't remember anything at all.

Now Lola only thinks of her dog, that will be alone at home, and of Julián.

JULIÁN

De nuevo las ocho y Lola no ha subido las persianas. Se oye al perro llorar dentro de la vivienda. Julián está realmente preocupado. ¿Qué ha podido pasar?

Pasa el día absorto en sus pensamientos, hoy no silba ni canta de camino al trabajo. No ha querido comerse el generoso trozo de tarta de manzana que doña Juanita le ha servido con el café de la comida.

Tampoco ha ido al gimnasio. Simplemente ha vuelto a casa y se ha sentado en un banco a esperar.

It is eight again and Lola hasn't raised the blinds. The dog can be heard crying inside the house. Julián is very worried. What could have happened? He spends the day absorbed in his thoughts, today he doesn't whistle or sing on the way to work. He has not wanted to eat the generous piece of apple pie that Juanita served him with the coffee.

He didn't go to the gymnasium either. He has just returned home and sat on a bench to wait.

LOLA

Por fin la dejan salir del hospital. Todavía no sabe andar muy bien con las muletas, pero tan sólo necesita práctica. El médico le ha dicho que tendrá que llevar la escayola durante cuarenta días, así que será mejor que empiece a acostumbrase a ellas.

They finally let her out from the hospital. She still doesn't know how to walk very well with crutches, but he just needs practice. The doctor has told her that she will have to wear the cast for forty days, so it would be great to start getting used to them

JULIÁN

Cuando Julián ve el taxi, no se imagina que Lola va ahí dentro. De hecho, apenas la reconoce cuando la ve salir del automóvil con la pierna escayolada, las muletas en las manos y una venda en la cabeza. Pero pronto se da cuenta de es ella y se levanta de un salto del banco en el que lleva toda la tarde sentado esperando.

When Julián sees the taxi, he doesn't imagine that Lola is inside it. In fact, he barely recognizes her when he sees her get out of the automobile with her leg in a cast, crutches in her hands and a bandage on her head. But he soon realizes that's her and jumps from the bench in which he has been sitting the whole afternoon waiting.

LOLA

Hoy Lola no va a madrugar.

Today Lola is not going to get up early.

JULIÁN

Son las seis y media y Julián se levanta de la cama de un salto. Se mete directamente en la ducha y al salir prepara café y tostadas con arándanos. Hoy no va a correr, ni a leer la prensa o tweets graciosos que le hagan sonreír.

A las siete y cuarto sale de casa. En las manos lleva un termo de café y un plato de tostadas calientes recién hechas. Tiene una sonrisa de oreja a oreja. Hoy no tiene que soñar despierto, sólo tiene que cruzar la calle. Julián saca a pasear al perro de Lola. Ella los ve a través de la ventana mientras come tostadas.

It is half past six in the morning and Julián jumps out of bed. He goes straight into the shower and we he gets out he makes coffee and toast with blueberry. Today he doesn't go running, nor read the news or funny tweets that make him smile.

At seven fifteen he leaves home. In his hands he is carrying a thermos bottle with coffee and a plate of hot toast just made. He has a smile from ear to ear. Today he doesn't have to daydream, he only has to cross the street. Julián takes Lola's dog for a walk. She looks at them through the window while eating toast.

STORY #6 – LA RECETA MÁGICA (POSTRES)

Carlitos como siempre, estaba sonriendo al lado de su **abuela**. Mientras todos los demás estaban jugando, él se la pasaba mirándola y preguntándole cómo hacía para que sus **postres** quedaran tan ricos. Ella siempre sonreía y le decía a Carlitos mientras movía sus dedos:

- Mira Carlitos, todo está en la **magia** que hay en mis manos.

abuela – grandmother

postres – desserts

magia – magic

Carlitos sonreía mientras su abuela le daba la primera **prueba** del pastel. Después la abuela le enseñaba sus trucos, muchas recetas y disfrutaban cada instante. Él disfrutaba de esos sabores y estaba decidido a ser un gran pastelero.

prueba – taste

Fue pasando el tiempo y en el colegio era **famoso** por sus pasteles y sus postres. Todos creían que sus pasteles eran deliciosos y por eso lo empezaron a llamar **pastelito**.

Él, pastelito, seguía visitando a su abuela cada vez que podía y ella mirándolo le preguntaba:

Carlitos, mira tus manos. ¿qué ves?

famoso – famous

pastelito – muffin

Carlitos sonreía e iba a su casa a poner en práctica las **enseñanzas** de su abuela. Al pasar los años tomó fama en la ciudad y abrió una **próspera** pastelería a la cual llamó pastelito de la abu.

enseñanzas – teachings

próspera – successful

Carlitos estaba muy feliz y hacía lo que le **apasionaba** desde niño. Aún visitaba a su abuela y la miraba igual de emocionado que cuando descubrió su **vocación** de pastelero.

apasionaba – passionate

vocación – calling

Un día de agosto Carlitos llegó a casa de su abuela y ella no estaba preparando pasteles. Ese día su abuela no se sentía del todo bien, por lo que Carlitos se **apresuró** a visitarla en cama. Al verlo, la abuela que estaba en la cama sonrió y muy lentamente movió sus **dedos**, después señaló sus manos y le preguntó ¿qué ves?

apresuró – rushed

dedos – fingers

Carlitos jamás le respondía la pregunta a su abuela y la tomaba como una **broma**, pero ese día había algo diferente. Él le preguntaba a su abuela que quién le iba a dar más recetas, a lo cual su abuela le respondió:

- Carlitos, quiero que encuentres la mejor receta. Si no estoy yo para hacerla, tú serás quien la haga. Siempre hay una receta mágica en el mundo, una **receta secreta**. Encuéntrala.

broma – joke

receta – recipe

secreta – secret

La condición de salud de su abuela **empeoró** y fue necesario **trasladarla** a un hospital, la abuela le hizo a Carlitos la misma pregunta ¿qué ves?

Carlitos muy **conmovido** por la situación de su abuela, salió en búsqueda de sabores que le dieran la receta mágica, la receta secreta.

empeoró – worsened

trasladarla – transfer her

conmovido – moved

El primer país que visitó Carlitos fue Perú y se **deleitó** probando los sabores tradicionales de los incas, estos sabores generaban sensaciones **indescriptibles** a los sentidos. Después de probar y probar, Carlitos preparaba sus postres allí mismo y se decía:

"Esto no le gustaría a mi abuela, no le gustará a nadie".

deleitó – delighted

indescriptibles – indescribable

Luego su viaje por la India lo llevó a probar hierbas exóticas que **reflejaban** el movimiento, los olores, colores, y complejas **preparaciones**. Los postres eran deliciosos, sin embargo, Carlitos continuaba diciéndose a sí mismo:

"Esto no le gustaría a mi abuela, no le gustará a nadie".

reflejaban – expressed

preparaciones – prepared food

Luego decidió explorar los sabores de Marruecos, esos pastelitos **aromatizados** tan dulces, tan salados o ambas cosas, se decía Carlitos. El aroma a café y almendras era la característica en la zona pastelera de la ciudad, él probaba los postres cada uno más delicioso que el otro, pero continuaba diciéndose:

"Esto no le gustaría a mi abuela, no le gustará a nadie".

aromatizados – aromatic

Parecía que nada le gustaba a Carlitos que estaba en búsqueda de la receta mágica. Él solo quería la receta secreta para así hacer sentir a su abuela muy orgullosa de él y ser **el mejor pastelero**.

el mejor pastelero – the best baker

Después de explorar los sabores del norte de África, Carlitos con un poco de frustración **emprendía** su viaje a China. Ese país estaba lleno de historias, sabores profundos y **sutiles** que hacían sentir mil sensaciones en el paladar.

Recorrió varias regiones y su frustración crecía ya que no encontraba esa receta mágica que le **encomendó** su abuela que encontrará.

emprendía – headed for

sutiles – subtle

encomendó – entrusted

Carlitos, un poco cansado, se disponía a viajar a una provincia en el centro de China. **Recorría** el país en tren, se había bajado en una estación para descansar un poco, pero se quedó dormido y nadie notó su ausencia. Al darse cuenta, Carlitos había quedado a su suerte en un pequeño pueblo, no tenía más opción que buscar un hotel.

Recorría – toured

Al llegar a uno muy cerca de una **montaña**, sintió un llamado muy **poderoso** así que entró y pidió una habitación. El señor que lo atendió lo vio, sonrió y luego le dijo:

- Es normal, aquí llega mucha gente que está perdida, a algunos los dejó el **tren**.

montaña – mountain

poderoso – strong

tren – train

Carlitos se acomodó y bajó al restaurante como siempre, a explorar los postres con su gran **curiosidad**.

Todos estaban sonriendo en la cocina, se podía ver y escuchar.

Le sirvieron una **entrada** por parte de la casa, una entrada de bienvenida. Era una torta de no sé qué, de no sé dónde, de no sé cuándo, de no sé cómo. Era una torta sencilla y Carlitos corrió hacia la cocina en donde estaba el mismo señor que le dio la bienvenida al llegar.

curiosidad – curiosity

entrada – entreé

– ¿Qué buscas? preguntó el señor.

– Busco la receta mágica, la receta secreta. Respondió Carlitos

– Todos estamos buscando algo. Dijo el señor con una gran sonrisa.

– Ven un momento a mirar. Dijo el señor. – Mira, te presento las **estrellas**, bellas, lejanas, son el pasado y son el futuro, queremos llegar a ellas. Estamos tan obsesionados con todo lo exterior. Mira, tú estás aquí tan lejos de casa.

– En algún momento, cuando hayamos conquistado las estrellas nos cansaremos de mirar hacia el **exterior**. Tal vez ese día empezaremos a mirar hacia adentro en donde se esconde un universo inexplorado en cada uno de nosotros.

– La mayoría busca cosas muy lejos y la verdad es que esas cosas están más cerca de lo que creen, mira tus manos ¿Qué ves?

Carlitos miró sus manos por primera vez y no dejó de verlas por varias horas mientras **contemplaba** las estrellas.

Después regresó a casa más calmado, más feliz, más sabio, más **prudente**, creando e imaginando sabores en su mente.

estrellas – stars

exterior – outward

contemplaba – contemplated

prudente – cautious

Al llegar a casa ya sabía lo que tenía que hacer. La **recuperación** de su abuela había sido lenta y ya no podía estar preparando e inventando nuevas recetas.

Ella había **optado** por **asesorar** a su familia en la preparación de los deliciosos postres.

Su abuela al ver a Carlitos en casa se le iluminaron los ojos y con una gran sonrisa y señalando sus manos le preguntó ¿qué ves?

– Abuelita. Que también tengo magia, eso veo, eso veo abuelita.

recuperación – recovery

optado – opted

asesorar – advise

A partir de ese día cada receta era mágica, cada receta era la receta secreta. Su fama **radicó** en que todos los días él inventaba algo nuevo, cada día era una oportunidad de explorar y probar algo diferente. En su restaurante no había menú, solo era la magia del día, la receta secreta.

radicó – lay in

QUESTIONS/ PREGUNTAS

1) ¿Qué le enseñaba la abuela a Carlitos?

   a) A escribir

   b) A jugar ajedrez

   c) Recetas

   d) A bailar

2) ¿Cómo llamaban a Carlitos en el colegio?

   a) Corredor

   b) Pastelito

   c) Caballito

   d) Conejo

3) ¿Cuál fue el primer país que visitó Carlitos?

   a) Brasil

   b) Colombia

   c) Perú

   d) Bali

4) ¿Cuál era el aroma que se sentía en Marruecos?

   a) Trigo y miel

   b) Clavos y canela

   c) Limón y cereza

   d) Café y almendras

5) ¿En qué país dejó el tren a Carlitos?

   a) Alemania

   b) India

   c) Argelia

   d) China

ANSWERS/ SOLUCIONES

1) C   2) B   3) C   4) D   5) D

RESUMEN

Desde niño a Carlitos le gustó la pastelería al ver a su abuela preparar los más deliciosos postres. A él le gustó tanto que se convirtió en un gran pastelero en la ciudad en donde vivían.

Su abuela le compartía todas las recetas y él las copiaba a la perfección. Un día ella enfermó y no pudo preparar más recetas así que le encomendó a Carlitos que buscara la receta mágica.

Carlitos emprendió su viaje para probar sabores exóticos en varios países. Fue a Perú, luego a la India, siguió a Marruecos y terminó al final en China. Cada sabor fue delicioso, pero a Carlitos nada parecía gustarle pensando en que a su abuela no le gustarían.

En China descubrió que hay cosas que siempre están cerca, tal vez dentro de nosotros esperando por ser exploradas. Encontró que la mejor receta es la que haces para ti mismo, la que te hace feliz, la que disfrutas cada día.

Al volver a casa compartió con su abuela todo aquello que vivió para descubrir que en sus manos también había magia.

SUMMARY

Since he was a child, Carlitos liked baking when he saw his grandmother prepare the most delicious desserts. He liked it so much that he became a great baker in his hometown.

His grandmother shared all her recipes with him and he copied them to perfection. One day, she fell ill and could no longer prepare any more recipes, so she entrusted Carlitos with searching for the magic recipe.

Carlitos set off to try exotic flavors in several countries. He went to Peru, then to India and, after that, to Morocco, and China as the last leg of his trip. Each place had delicious flavors, but Carlitos didn't seem to like anything, thinking his grandmother wouldn't like them.

In China, he discovered that there are always things nearby, maybe inside us waiting to be explored. He found that the best recipe is the one you prepare for yourself, the one that makes you happy, the one you enjoy every day.

When he returned home, he shared with his grandmother everything he went through to discover that in his hands, he too had magic.

VOCABULARIO

abuela – grandmother

postres – desserts

magia – magic

prueba – taste

famoso – famous

pastelito – muffin

enseñanzas – teachings

próspera – successful

apasionaba – passionate

vocación – calling

apresuró – rushed

dedos – fingers

broma – joke

receta – recipe

secreta – secret

empeoró – worsened

trasladarla – transfer her

conmovido – moved

deleitó – delighted

indescriptibles – indescribable

reflejaban – expressed

preparaciones – prepared food

aromatizados – aromatic

el mejor pastelero – the best baker

emprendía – headed for

sutiles – subtle

encomendó – entrusted

Recorría – toured

montaña – mountain

poderoso – strong

tren – train

curiosidad – curiosity

entrada – entreé

estrellas – stars

exterior – outward

contemplaba – contemplated

prudente – cautious

recuperación – recovery

optado – opted

asesorar – advise

radicó – lay in

TRANSLATION

Carlitos como siempre, estaba sonriendo al lado de su abuela. Mientras todos los demás estaban jugando, él se la pasaba mirándola y preguntándole cómo hacía para que sus postres quedaran tan ricos. Ella siempre sonreía y le decía a Carlitos mientras movía sus dedos:

– Mira Carlitos, todo está en la magia que hay en mis manos.

As always, Carlitos was smiling next to his grandmother. While all the others were playing, he was looking at her and asking her what she did in order for all her desserts to come out so delicious. She smiled and, while moving her fingers, told Carlitos:

– Look, Carlitos, it's all in the magic in my hands.

Carlitos sonreía mientras su abuela le daba la primera prueba del pastel. Después la abuela le enseñaba sus trucos, muchas recetas y disfrutaban cada instante. Él disfrutaba de esos sabores y estaba decidido a ser un gran pastelero.

Carlitos smiled while his grandmother gave him the first taste of the cake. After that, his grandmother taught him her tricks, many recipes, and they enjoyed every moment. He enjoyed all those flavors and was determined to be the best baker.

Fue pasando el tiempo y en el colegio era famoso por sus pasteles y sus postres. Todos creían que sus pasteles eran deliciosos y por eso lo empezaron a llamar pastelito.

Él, pastelito, seguía visitando a su abuela cada vez que podía y ella mirándolo le preguntaba:

Carlitos, mira tus manos. ¿qué ves?

Time passed, and at school he became famous for his cakes and desserts. Everybody thought his cakes were delicious so they started calling him muffin.

He, muffin, kept visiting his grandmother whenever he could and she, looking at him, would ask:

–Carlitos, look at your hands. What do you see?

Carlitos sonreía e iba a su casa a poner en práctica las enseñanzas de su abuela. Al pasar los años tomó fama en la ciudad y abrió una próspera pastelería a la cual llamó pastelito de la abu.

Carlitos would smile and go back home to implement his grandmother's teachings. As years went by, he became famous in the city and opened a successful bakery, which he named "Grandma's Muffin."

Carlitos estaba muy feliz y hacía lo que le apasionaba desde niño. Aún visitaba a su abuela y la miraba igual de emocionado que cuando descubrió su vocación de pastelero.

Carlitos was very happy and he was doing what he was passionate about since he was a child. He still visited his grandmother and looked at her with the same excitement as when he first discovered his calling as a baker.

Un día de agosto Carlitos llegó a casa de su abuela y ella no estaba preparando pasteles. Ese día su abuela no se sentía del todo bien, por lo que Carlitos se apresuró a visitarla en cama. Al verlo, la abuela que estaba en la cama sonrió y muy lentamente movió sus dedos, después señaló sus manos y le preguntó ¿qué ves?

One day in August, Carlitos arrived at his grandmother's house and she wasn't baking cakes. That day she didn't feel well, so Carlitos rushed to visit her at her bedside. When she saw him, his grandmother, who was laying down in bed, smiled and moved her fingers very slowly, pointed to her hands and asked him: What do you see?

Carlitos jamás le respondía la pregunta a su abuela y la tomaba como una broma, pero ese día había algo diferente. Él le preguntaba a su abuela que quién le iba a dar más recetas, a lo cual su abuela le respondió:

– Carlitos, quiero que encuentres la mejor receta. Si no estoy yo para hacerla, tú serás quien la haga. Siempre hay una receta mágica en el mundo, una receta secreta. Encuéntrala.

Carlitos never answered his grandmother's question and took it as a joke, but that day there was something different about it. He asked his grandmother who would give him more recipes, to which his grandmother answered:

Carlitos, I want you to find the best recipe. If I'm not around to prepare it, you will be the one to do it. There is always a magic recipe in the world, a secret recipe. Find it.

La condición de salud de su abuela empeoró y fue necesario trasladarla a un hospital, la abuela le hizo a Carlitos la misma pregunta ¿qué ves?

Carlitos muy conmovido por la situación de su abuela, salió en búsqueda de sabores que le dieran la receta mágica, la receta secreta.

His grandmother's health worsened and it was necessary to transfer her to a hospital. The grandmother asked Carlitos the same question: What do you see?

Carlitos, moved by his grandmother's situation, went out in search of flavors that would give him the magic recipe, the secret recipe.

El primer país que visitó Carlitos fue Perú y se deleitó probando los sabores tradicionales de los incas, estos sabores generaban sensaciones indescriptibles a los sentidos. Después de probar y probar, Carlitos preparaba sus postres allí mismo y se decía:

"Esto no le gustaría a mi abuela, no le gustará a nadie".

The first country Carlitos visited was Peru and he was delighted tasting all those traditional flavors of the Incas; those flavors produced indescribable feelings to his senses. After tasting and tasting, Carlitos prepared his desserts right there and told himself:

– "My grandmother won't like this. Nobody will like this."

Luego su viaje por la India lo llevó a probar hierbas exóticas que reflejaban el movimiento, los olores, colores, y complejas preparaciones. Los postres eran deliciosos, sin embargo, Carlitos continuaba diciéndose a sí mismo:

"Esto no le gustaría a mi abuela, no le gustará a nadie".

After that, his trip through India led him to try exotic herbs that expressed movement, smells, colors and complex prepared food. Desserts were delicious, but Carlitos kept telling himself:

– "My grandmother won't like this. Nobody will like this."

Luego decidió explorar los sabores de Marruecos, esos pastelitos aromatizados tan dulces, tan salados o ambas cosas, se decía Carlitos. El aroma a café y almendras era la característica en la zona pastelera de la ciudad, él probaba los postres cada uno más delicioso que el otro, pero continuaba diciéndose:

"Esto no le gustaría a mi abuela, no le gustará a nadie".

He then decided to explore the flavors of Morocco, "those aromatic muffins, so sweet, so salty, or both," Carlitos told himself. The smell of coffee and almonds was typical of the city's bakery district. He tasted desserts, each one more delicious than the other one, but he kept telling himself:

– "My grandmother won't like this. Nobody will like this."

Parecía que nada le gustaba a Carlitos que estaba en búsqueda de la receta mágica. Él solo quería la receta secreta para así hacer sentir a su abuela muy orgullosa de él y ser el mejor pastelero.

It seemed like nothing pleased Carlitos, who was in search of the magic recipe. He just wanted the secret recipe so his grandmother could be very proud of him and he could become the best baker.

Después de explorar los sabores del norte de África, Carlitos con un poco de frustración emprendía su viaje a China. Ese país estaba lleno de historias, sabores profundos y sutiles que hacían sentir mil sensaciones en el paladar.

Recorrió varias regiones y su frustración crecía ya que no encontraba esa receta mágica que le encomendó su abuela que encontrará.

After exploring the flavors of Northern Africa, Carlitos, a little bit frustrated, headed for China. The country was full of stories, deep and subtle flavors that made his palate feel a thousand different sensations. He went through different regions and his frustration increased because he wasn't finding that magic recipe his grandmother entrusted him to find.

Carlitos, un poco cansado, se disponía a viajar a una provincia en el centro de China. Recorría el país en tren, se había bajado en una estación para descansar un poco, pero se quedó dormido y nadie notó su ausencia. Al darse cuenta, Carlitos había quedado a su suerte en un pequeño pueblo, no tenía más opción que buscar un hotel.

Carlitos, a bit tired, prepared to travel to a central province in China. He toured the country by train. He had gotten off at a station to rest a bit, but he fell asleep and nobody noticed he was missing. When Carlitos realized he had been left to his own luck in a small town, he had no other option but to look for a hotel.

Al llegar a uno muy cerca de una montaña, sintió un llamado muy poderoso así que entró y pidió una habitación. El señor que lo atendió lo vio, sonrió y luego le dijo:

— Es normal, aquí llega mucha gente que está perdida, a algunos los dejó el tren.

When he reached one near a mountain, he felt a very strong calling, so he went in and asked for a room. The front desk clerk saw him, smiled, and told him:

— It's normal. A lot of people who are lost come here, some were left behind by the train.

Carlitos se acomodó y bajó al restaurante como siempre, a explorar los postres con su gran curiosidad.

Todos estaban sonriendo en la cocina, se podía ver y escuchar.

Le sirvieron una entrada por parte de la casa, una entrada de bienvenida. Era una torta de no sé qué, de no sé dónde, de no sé cuándo, de no sé cómo. Era una torta sencilla y Carlitos corrió hacia la cocina en donde estaba el mismo señor que le dio la bienvenida al llegar.

Carlitos settled in and went down to the restaurant. As always, he explored the desserts with his great curiosity.

Everyone was smiling in the kitchen, you could see and hear it.

They served him an entreé, on the house – a welcome entreé. It was a sandwich. I don't know what it was made of, I don't know where it came from, I don't know when it was made, I don't know how it was made. It was a simple sandwich, and Carlitos ran to the kitchen where saw the same man who welcomed him.

– ¿Qué buscas? preguntó el señor.

– Busco la receta mágica, la receta secreta. Respondió Carlitos

– Todos estamos buscando algo. Dijo el señor con una gran sonrisa.

– Ven un momento a mirar. Dijo el señor. – Mira, te presento las estrellas, bellas, lejanas, son el pasado y son el futuro, queremos llegar a ellas. Estamos tan obsesionados con todo lo exterior. Mira, tú estás aquí tan lejos de casa.

– En algún momento, cuando hayamos conquistado las estrellas nos cansaremos de mirar hacia el exterior. Tal vez ese día empezaremos a mirar hacia adentro en donde se esconde un universo inexplorado en cada uno de nosotros.

– La mayoría busca cosas muy lejos y la verdad es que esas cosas están más cerca de lo que creen, mira tus manos ¿Qué ves?

Carlitos miró sus manos por primera vez y no dejó de verlas por varias horas mientras contemplaba las estrellas.

Después regresó a casa más calmado, más feliz, más sabio, más prudente, creando e imaginando sabores en su mente.

– "What are you looking for?" asked the man.

– "I'm looking for the magic recipe, the secret recipe," answered Carlitos.

– "We are all looking for something," the man said with a wide smile.

– "Come over here for a moment," the man said. "Look, I'll introduce you to the stars, beautiful, far away, they are the past and the future. We want to reach them. We're so obsessed with everything out there that's beyond our reach. Look, you are here, far away from home."

– "At some point, when we have conquered the stars, we will get tired of looking outwards. Maybe that day we will start looking inwards, where an unexplored universe hides inside each one of us."

– "Most of the people look for things that are far away, but the truth is they are nearer than we think. Look at your hands: What do you see?"

Carlitos looked at his hands for the first time and stared at them for hours while he contemplated the stars.

He later returned home calmer, happier, wiser, more cautious, creating and imagining flavors in his mind.

Al llegar a casa ya sabía lo que tenía que hacer. La recuperación de su abuela había sido lenta y ya no podía estar preparando e inventando nuevas recetas. Ella había optado por asesorar a su familia en la preparación de los deliciosos postres.

Su abuela al ver a Carlitos en casa se le iluminaron los ojos y con una gran sonrisa y señalando sus manos le preguntó ¿qué ves?

– Abuelita. Que también tengo magia, eso veo, eso veo abuelita.

When he arrived home, he knew what he had to do. His grandmother's recovery had been slow and she could no longer prepare and create new recipes. She had opted to advise her family on the preparation of the delicious desserts.

His grandmother's eyes lit up when she saw Carlitos back home and, with a wide smile and pointing to her hands, asked him: What do you see?

– "Grandma, that I, too, have magic; that's what I see, that's what I see, grandma."

A partir de ese día cada receta era mágica, cada receta era la receta secreta. Su fama radicó en que todos los días él inventaba algo nuevo, cada día era una oportunidad de explorar y probar algo diferente. En su restaurante no había menú, solo era la magia del día, la receta secreta.

From that day on, each recipe was magic, each recipe was the secret recipe. His fame lay in the fact that every day he invented something new; each day was an opportunity to explore and try something different. There was no menu at his restaurant; the secret recipe was only the magic of the day.

María era la dueña de una gran fábrica de zapatos que tenía **presencia a nivel nacional**. Fabricaban toda clase de zapatos que hacían felices a grandes y a niños y sobre todo dejaba grandes recuerdos por sus diseños.

presencia a nivel nacional – nationwide presence

Siempre **sobresalían** entre la competencia, pero ella no sabía **a ciencia cierta** cómo lo hacían. Realmente ella no conocía a sus trabajadores porque siempre estaba en otros asuntos. Además de la fábrica de zapatos también tenía una empresa de cosméticos que era a lo que le dedicaba la mayoría de su tiempo.

sobresalían – stood out

a ciencia cierta – for sure

María debía tomar una decisión importante con **respecto** a la fábrica ya que habían unas personas interesadas en comprarla. No solo la comprarían, sino que le **inyectarían** capital para modernizar las instalaciones. La única preocupación de María era que no sabía lo que estaba vendiendo.

respecto – regarding

inyectarían – would inject

La fábrica de zapatos se la habían dejado sus padres, los cuales la fundaron hace más de cincuenta años. Era un gran legado y ahora ella quería **involucrarse** un poco más y conocer a la gente que hace todo posible antes de venderla.

involucrarse – become involved

María pasaría una semana conociendo las diferentes secciones, pero sobre todo a las personas. Escogió el departamento de diseño para empezar, lleno de chicos jóvenes que se la pasaban tomando café mientras trabajaban. Su ropa extraña también llamaba la atención de María, que los miraba con **disimulo**.

(con) disimulo – covertly

Al llegar a la sección, el salón de diseño estaba lleno de computadores, música alegre, risas. Era todo un **espectáculo** ver a esos chicos haciendo su trabajo de una forma tan divertida. Ellos decían que se trataba de creatividad y la definían como la inteligencia divirtiéndose.

espectáculo – show

– Veo que aquí es donde hacen los diseños de los zapatos. Dijo María.

– No señora. Respondió uno de los chicos. – Aquí solo le damos color y magia a las ideas.

– ¿Pero están diseñando algo? Preguntó ella.

– No. Aquí nos unimos con la mente de las personas y creamos los zapatos con los que ellos se identifican. Respondieron

– ¿Y cómo lo hacen? Volvió a preguntar.

– Solo salimos a la calle y vemos la risa de la gente, vemos cómo camina y vemos si sus zapatos **reflejan** su vida. No solo diseñamos, aquí somos libres queriendo **transmitir** esa libertad a los que usan nuestros zapatos.

– Somos artistas de lo común, artistas de lo que la gente usa a diario.

reflejan – reflect

transmitir – transmit

María salió del departamento muy impresionada por la pasión que le ponían a su trabajo y lo que pensaban que era el diseño. Después fue al departamento de coberturas en donde se cortaba el cuero y la tela según el diseño del zapato. Había muchas máquinas que cortaban de manera perfecta cada material que necesitaban. Era una bodega muy grande llena de gente que no se **distinguía** mucho por su uniforme. También tenía un olor a cuero nuevo que le gustaba a la mayoría que iban a tomar su descanso **matutino**.

distinguía – stand out (stood out)

matutino – morning

– ¿Alguien me podría explicar cómo hacen todo esto? Preguntó María.

– Claro que sí señora, aquí hacemos obras de arte para los pies. Respondieron.

– ¿Pero acaso no se hacen unas simples **coberturas**? Preguntó María.

– No solo eso, aquí controlamos el cuero que llega para que sea **sutil** con la piel.

– También observamos la calidad de las telas que llegan para que sean suaves.

– Además, **rastreamos** cual es el origen de todo el material para estar seguros de que se ajustan con nuestra política de calidad.

– También hacemos realidad las ilusiones de los diseñadores.

– Aquí **materializamos** sus más locos y coloridos diseños.

coberturas – covers

sutil – soft

rastreamos – we track down

materializamos – we materialize

Muchas personas le respondieron y ninguno dijo que solo hacían un proceso de cuero y tela, era algo más. Salió de allí con la **percepción** de que estaba equivocada y que no solo tenía una fábrica de zapatos. Cada día la curiosidad era más intensa con su fábrica ya que nunca antes le importó aparte de lo económico.

percepción – idea

Pasaron los días y seguía haciendo **recorridos,** cada uno más interesante que el otro, según ella. Se **dispuso a** visitar el departamento de goma, que era el nombre que recibían las suelas de los zapatos. Al entrar vio una gran máquina **transportadora** que **atravesaba** la bodega de un lado al otro. Pasó lo mismo, entró y preguntó:

– ¿Alguien me puede contar sobre lo que hacen aquí?

– Señora María, aquí **consentimos** los talones y los dedos de los pies.

– Aquí hacemos sentir a la gente que está caminando sobre las nubes.

– También sentimos que caminamos al lado de la gente en la calle.

– Aquí protegemos cada paso que dan las personas.

– Y también les damos **tranquilidad** y comodidad para correr.

– Y **ensamblamos** las locuras del departamento de diseño.

recorridos – visits

dispuso – set out to

transportadora – conveyor

atravesaba – crossed

consentimos – we pamper

tranquilidad – peace

ensamblamos – we put together

Tal y como pasó en la sección de coberturas, allí también le respondieron **innumerables** cosas de lo que hacían. Ella pensaba que allí solo le ponían las suelas a los zapatos, pero para ellos era algo más.

innumerables – countless

Después de salir de la sección de gomas se **dirigió** al departamento de calzado para bebé. La bodega era más pequeña, tenían música y todos ponían mucha atención a los detalles.

– Qué lindos zapatos hacen ustedes. Dijo María.

– No señora. Aquí no se hacen zapatos, aquí cuidamos los primeros pasos en la vida de alguien.

– Y también le damos ilusión y ternura a los padres que compran esos zapatos para sus bebés.

– Sí señora. Y nos llena de alegría saber que esos zapatos serán guardados por sus padres tal vez toda la vida.

– Aquí creamos recuerdos señora.

– Señora María, nos imaginamos a los bebés caminando y nos alegra haber aportado un **granito de arena**. No sabemos quién los usará, solo sabemos que algún día serán de alguien importante. Tal vez sea un futuro científico el que hoy está usando lo que hacemos aquí.

– Aquí siempre trabajamos con lo más importante.

– ¿Y qué es lo más importante? Preguntó María.

– Lo más importante es hacer el trabajo como decía su padre. Con amor.

dirigió – went to

granito de arena – a part of

María estaba sonriendo y un poco **abrumada** con tantas respuestas valiosas. Todo esto la hacía sentir que tenía algo más que una fábrica de zapatos. Se quedaba pensando en todos esos años en que creyó que la gente solo trabajaba por el salario. Había algo más allá que cuero, goma, tela y diseños llamativos. Estaba descubriendo algo valioso.

abrumada – overwhelmed

María hacía esto porque tenía la difícil decisión de vender o no vender la fábrica. La verdad es que ella se enfocaba solo en su empresa de cosméticos y nunca había sentido algo diferente, era una conexión. Antes de la visita a cada uno de los departamentos veía a la gente como números, así como los resultados económicos que eran nada **despreciables**. Quería vender la empresa que era el legado de sus padres solo porque no le interesaba el negocio de los zapatos.

despreciables – negligible

Pasaron unas semanas en las que ella se reunió con los posibles compradores de la fábrica que le contaban los planes. Básicamente querían **modernizar** la maquinaria y tendrían que despedir a la mitad del personal. María solo escuchaba lo que ellos le decían, pero en su mente tenía todas las palabras que le dijeron los trabajadores.

modernizar – upgrade

Eran más de cincuenta años de historia, cincuenta años haciendo zapatos de todos los estilos y para cualquier persona. No se podía dejar eso así de fácil, era **el legado de su familia** que estaba en juego y todos los empleados le habían enseñado algo.

el legado de su familia – her family's legacy

Finalmente, los rumores de la venta de la fábrica llegaron a los oídos de los empleados, que empezaron a recordar con **nostalgia** los mejores diseños. María los reunió a todos para hacer el anuncio y en ese momento recordó las sonrisas, la música, la bondad.

(con) nostalgia – fondly

Era imposible para ella hablar y viéndolos a todos de frente les dio las gracias **repetidamente** y después dijo:

– Me han enseñado que no solo tengo una fábrica de zapatos, lo que tenemos es una fábrica de sueños y quiero que sigamos soñando. Nunca la vi como ustedes la ven y tal vez esa era la forma en que la **apreciaban** mis padres. Las apariencias engañan y lo que yo creía que era una fábrica de zapatos, en realidad son personas ayudando a otras.

repetidamente – repeatedly

apreciaban – appreciated

A partir de ese momento María se involucró más en la fábrica y modernizó la planta.

No la vendió y no fue necesario despedir a alguien, también **incrementó** sus ventas y el número de empleados. Ahora ella dice que tiene una fábrica de sueños e **incentiva** a sus trabajadores a desarrollar proyectos personales. Tiene la **consigna** de que si tienes felices a los empleados, ellos harán felices a los clientes.

incrementó – increased

incentiva – encourages

consigna – slogan

QUESTIONS / PREGUNTAS

1) ¿De qué era la otra empresa de María?
   a) Mascotas
   b) Cosméticos
   c) Iluminación
   d) Ferretería

2) ¿Qué tomaban en el departamento de diseño mientras trabajaban?
   a) Limonada
   b) Té
   c) Agua
   d) Café

3) ¿Qué nombre reciben las suelas de los zapatos?
   a) Gomas
   b) Cauchos
   c) Rodamientos
   d) Zapatas

4) ¿Cómo eran los resultados de la fábrica?
   a) Muy malos
   b) Nada despreciables
   c) Bastante grandes
   d) Podrían ser mejores

5) ¿Qué les dio María a sus empleados repetidamente?
   a) Un bono navideño
   b) Un abrazo
   c) Las gracias
   d) Un mercado

ANSWERS/ SOLUCIONES

1) B   2) D   3) A   4) B   5) C

RESUMEN

María era una empresaria que tenía varias fábricas, entre ellas una de zapatos que le heredaron sus padres. Ella no tenía mucho interés, sin embargo, se tomó el tiempo para conocer su fábrica ya que en secreto planeaba venderla.

Fue recorriendo cada uno de los departamentos y se encontró con respuestas que la dejaron sorprendida. Ella tenía en su mente la idea de que solo fabricaba zapatos, pero las apariencias pueden engañar. Lo que descubrió después de cada uno de sus recorridos es que tenía algo más que una fábrica de zapatos.

Finalmente decide no vender la fábrica y continuar con el legado de sus padres. La fábrica se expandió y ahora es una empresa moderna y sigue creciendo. Lo que descubrió es que no solo tenía una fábrica de zapatos, ella tenía una fábrica de sueños.

SUMMARY

Maria was an entrepreneur who owned several factories, one of them a shoe factory her parents had left her. She wasn't very interested in it; however, she took the time to get to know the factory because she was secretly thinking of selling it.

She visited each department and discovered answers that surprised her. She had the idea that they only manufactured shoes, but appearances can be deceiving. What she discovered after each one of her visits is that she had much more than a shoe factory.

She finally decided not to sell it and to continue her parents' legacy. The factory expanded and is now a modern company that is in continuous growth. What she discovered is that she didn't only have a shoe factory, she had a dream factory.

VOCABULARIO

presencia a nivel nacional – nationwide presence

sobresalían – stood out

a ciencia cierta – for sure

respecto – regarding

inyectarían – would inject

involucrarse – become involved

(con) disimulo – covertly

espectáculo – show

reflejan – reflect

transmitir – transmit

distinguía – stand out (stood out)

matutino – morning

coberturas – covers

sutil – soft

rastreamos – we track down

materializamos – we materialize

percepción – idea

recorridos – visits

dispuso – set out to

transportadora – conveyor

atravesaba – crossed

consentimos – we pamper

tranquilidad – peace

ensamblamos – we put together

innumerables – countless

dirigió – went to

granito de arena – a part of

abrumada – overwhelmed

despreciables – negligible

modernizar – upgrade

el legado de su familia – her family's legacy

(con) nostalgia – fondly

repetidamente – repeatedly

apreciaban – appreciated

incrementó – increased

incentiva – encourages

consigna – slogan

TRANSLATION

María era la dueña de una gran fábrica de zapatos que tenía presencia a nivel nacional. Fabricaban toda clase de zapatos que hacían felices a grandes y a niños y sobre todo dejaba grandes recuerdos por sus diseños.

Maria was the owner of a large shoe factory with nationwide presence. They manufactured all types of shoes, making children and adults happy and, above all, leaving them with great memories through their designs.

Siempre sobresalían entre la competencia, pero ella no sabía a ciencia cierta cómo lo hacían. Realmente ella no conocía a sus trabajadores porque siempre estaba en otros asuntos. Además de la fábrica de zapatos también tenía una empresa de cosméticos que era a lo que le dedicaba la mayoría de su tiempo.

They always stood out among competitors, but she didn't know for sure how they achieved that. She didn't actually know her workers because she was always involved in something else. Besides the shoe factory, she also had a cosmetics company, to which she dedicated most of her time.

María debía tomar una decisión importante con respecto a la fábrica ya que habían unas personas interesadas en comprarla. No solo la comprarían, sino que le inyectarían capital para modernizar las instalaciones. La única preocupación de María era que no sabía lo que estaba vendiendo.

Maria had to make an important decision regarding the factory, since there were people interested in buying it. They would not only buy it, but they would also inject capital to update the facilities. Maria's only worry was that she didn't know what she was selling.

La fábrica de zapatos se la habían dejado sus padres, los cuales la fundaron hace más de cincuenta años. Era un gran legado y ahora ella quería involucrarse un poco más y conocer a la gente que hace todo posible antes de venderla.

The shoe factory was inherited from her parents, who founded it over fifty years ago. It was a great legacy; she now wanted to become more involved and get to know the people who make everything possible, before selling it.

María pasaría una semana conociendo las diferentes secciones, pero sobre todo a las personas. Escogió el departamento de diseño para

empezar, lleno de chicos jóvenes que se la pasaban tomando café mientras trabajaban. Su ropa extraña también llamaba la atención de María, que los miraba con disimulo.

Maria would spend a week learning everything about the different areas but, most of all, getting to know the people. She chose to begin at the design department, full of young people drinking coffee while working. Their strange clothes caught Maria's attention, who watched them covertly.

Al llegar a la sección, el salón de diseño estaba lleno de computadores, música alegre, risas. Era todo un espectáculo ver a esos chicos haciendo su trabajo de una forma tan divertida. Ellos decían que se trataba de creatividad y la definían como la inteligencia divirtiéndose.

When she arrived at the design hall, it was full of computers, lively music, and laughter. It was quite a show to see all those youngsters doing their job in such a fun way. They said it was all about creativity, defining it as "intelligence having fun."

— Veo que aquí es donde hacen los diseños de los zapatos. Dijo María.

— No señora. Respondió uno de los chicos. — Aquí solo le damos color y magia a las ideas.

— ¿Pero están diseñando algo? Preguntó ella.

— No. Aquí nos unimos con la mente de las personas y creamos los zapatos con los que ellos se identifican. Respondieron

— ¿Y cómo lo hacen? Volvió a preguntar.

— Solo salimos a la calle y vemos la risa de la gente, vemos cómo camina y vemos si sus zapatos reflejan su vida. No solo diseñamos, aquí somos libres queriendo transmitir esa libertad a los que usan nuestros zapatos.

— Somos artistas de lo común, artistas de lo que la gente usa a diario.

— "I see this is where shoe designs are created," Maria said.

— " No, ma'am," answered one of the boys. "Here we only apply color and magic to the ideas."

— "But, are you designing something?" she asked.

— "No. Here we become one with the people's minds and create the shoes they will identify with," they answered.

— "And how do you do that?" she asked again.

— "We go out on the street and see people's laughter; we see how they walk and if their shoes reflect their life. We don't just design; here we are free, and we want to transmit that freedom to those who wear our shoes."

— "We are artists of what is common, artists of what people use every day."

María salió del departamento muy impresionada por la pasión que le ponían a su trabajo y lo que pensaban que era el diseño. Después fue al departamento de coberturas en donde se cortaba el cuero y la tela según el diseño del zapato. Había muchas máquinas que cortaban de manera perfecta cada material que necesitaban. Era una bodega muy grande llena de gente que no se distinguía mucho por su uniforme. También tenía un olor a cuero nuevo que le gustaba a la mayoría que iban a tomar su descanso matutino.

Maria left the department very impressed with the passion with which they worked and their concept of design. After that, she went to the covers department where the hide and fabric were cut according to the shoe design. There were many machines that cut each material perfectly. It was a large warehouse, full of people who did not stand out due to their uniform. There was also a new hide smell which most of the people taking their morning break liked.

— ¿Alguien me podría explicar cómo hacen todo esto? Preguntó María.

— Claro que sí señora, aquí hacemos obras de arte para los pies. Respondieron.

— ¿Pero acaso no se hacen unas simples coberturas? Preguntó María.

— No solo eso, aquí controlamos el cuero que llega para que sea sutil con la piel.

— También observamos la calidad de las telas que llegan para que sean suaves.

— Además, rastreamos cual es el origen de todo el material para estar seguros de que se ajustan con nuestra política de calidad.

— También hacemos realidad las ilusiones de los diseñadores.

— Aquí materializamos sus más locos y coloridos diseños.

— "Can someone explain to me how you do all this?" Maria asked.

— "Of course, ma'am. Here we create works of art for the feet," they answered.

— "But, don't you just do simple covers?" asked Maria.

– "Not only that. We control the hide that arrives so it is soft to the skin."

– "We also check the quality of the fabrics that arrive so they are soft."

– "In addition, we track down the origin of all the materials to be sure that they conform to our quality policy."

– "We also bring to life the designers' visions."

– "Here we materialize their most wacky and colorful designs."

Muchas personas le respondieron y ninguno dijo que solo hacían un proceso de cuero y tela, era algo más. Salió de allí con la percepción de que estaba equivocada y que no solo tenía una fábrica de zapatos. Cada día la curiosidad era más intensa con su fábrica ya que nunca antes le importó aparte de lo económico.

Many people answered and not one of them said that they only did a process with hide and fabric; it was more. She left with the idea that she was wrong and that she had much more than a shoe factory. Her curiosity towards her factory grew more intense every day, since she had never cared about it before, except for the economic part.

Pasaron los días y seguía haciendo recorridos, cada uno más interesante que el otro, según ella. Se dispuso a visitar el departamento de goma, que era el nombre que recibían las suelas de los zapatos. Al entrar vio una gran máquina transportadora que atravesaba la bodega de un lado al otro. Pasó lo mismo, entró y preguntó:

– **¿Alguien me puede contar sobre lo que hacen aquí?**

– **Señora María, aquí consentimos los talones y los dedos de los pies.**

– **Aquí hacemos sentir a la gente que está caminando sobre las nubes.**

– **También sentimos que caminamos al lado de la gente en la calle.**

– **Aquí protegemos cada paso que dan las personas.**

– **Y también les damos tranquilidad y comodidad para correr.**

– **Y ensamblamos las locuras del departamento de diseño.**

Days passed and she continued with her visits, each one more interesting than the other, according to her. She set out to visit the rubber department, "rubber" being the name given to the shoe soles. Upon entering, she saw a huge conveyor machine that crossed the whole length of the warehouse. She went in and asked:

– "Can someone tell me what you do here?"

– "Mrs. Maria, here we pamper the heels and toes."

– "We make people feel like they are walking on clouds."

– "We also feel like we are walking alongside people on the street."

– "We protect each step people take."

– "We also give them peace and comfort to run."

– "And we put together the craziness of the design department."

Tal y como pasó en la sección de coberturas, allí también le respondieron innumerables cosas de lo que hacían. Ella pensaba que allí solo le ponían las suelas a los zapatos, pero para ellos era algo más.

Just the same as in the covers area, here too they answered with countless things they did. She thought that they only put the soles on the shoes, but to them it was much more.

Después de salir de la sección de gomas se dirigió al departamento de calzado para bebé. La bodega era más pequeña, tenían música y todos ponían mucha atención a los detalles.

– Qué lindos zapatos hacen ustedes. Dijo María.

– No señora. Aquí no se hacen zapatos, aquí cuidamos los primeros pasos en la vida de alguien.

– Y también le damos ilusión y ternura a los padres que compran esos zapatos para sus bebés.

– Sí señora. Y nos llena de alegría saber que esos zapatos serán guardados por sus padres tal vez toda la vida.

– Aquí creamos recuerdos señora.

– Señora María, nos imaginamos a los bebés caminando y nos alegra haber aportado un granito de arena. No sabemos quién los usará, solo sabemos que algún día serán de alguien importante. Tal vez sea un futuro científico el que hoy está usando lo que hacemos aquí.

– Aquí siempre trabajamos con lo más importante.

– ¿Y qué es lo más importante? Preguntó María.

– Lo más importante es hacer el trabajo como decía su padre. Con amor.

After leaving the rubber area, she went to the baby shoes department. It was a smaller warehouse, with music, and everyone had great attention to detail.

— "You make very nice shoes," said Maria.

— "No, ma'am. We do not make shoes here. We take care of the first steps someone takes in their life."

— "We also give hope and affection to the parents who buy those shoes for their babies."

— "Yes, ma'am. And we are very happy to know that those shoes will be kept by their parents, maybe forever."

— "Here we create memories, ma'am."

— "Mrs. Maria, we imagine the babies walking and we are happy to have contributed to a part of that process. We don't know who will use them; we only know that they will someday belong to someone important. Maybe a future scientist is now wearing what we produce here."

— "We always work with what is most important."

— "And what is most important?" asked Maria.

— "What is most important is doing the job as your father said. With love."

María estaba sonriendo y un poco abrumada con tantas respuestas valiosas. Todo esto la hacía sentir que tenía algo más que una fábrica de zapatos. Se quedaba pensando en todos esos años en que creyó que la gente solo trabajaba por el salario. Había algo más allá que cuero, goma, tela y diseños llamativos. Estaba descubriendo algo valioso.

Maria was smiling and was a bit overwhelmed with all those valuable answers. All this made her feel that she had more than a shoe factory. She was left wondering about all those years in which she thought that people worked only for their salary. There was more than hide, rubber, fabric, and striking designs. She was discovering something very valuable.

María hacía esto porque tenía la difícil decisión de vender o no vender la fábrica. La verdad es que ella se enfocaba solo en su empresa de cosméticos y nunca había sentido algo diferente, era una conexión. Antes de la visita a cada uno de los departamentos veía a la gente como números, así como los resultados económicos que eran nada despreciables. Quería vender la empresa que era el legado de sus padres solo porque no le interesaba el negocio de los zapatos.

Maria did this because she had to face the difficult decision of selling or not selling the factory. The truth is that she focused only on her cosmetics company and had never felt anything like this; it was a connection. Before visiting each one of the departments, she had seen people as numbers, just like the financial outcomes, which were not negligible. She wanted to sell the company which was her parents' legacy, just because she wasn't interested in the shoe business.

Pasaron unas semanas en las que ella se reunió con los posibles compradores de la fábrica que le contaban los planes. Básicamente querían modernizar la maquinaria y tendrían que despedir a la mitad del personal. María solo escuchaba lo que ellos le decían, pero en su mente tenía todas las palabras que le dijeron los trabajadores.

Several weeks passed in which she met with the potential buyers of the factory, who told her about their plans. They basically wanted to upgrade the machinery and would have to lay off half of the personnel. Maria only listened to what they said, but she had all the words the workers told her in her mind.

Eran más de cincuenta años de historia, cincuenta años haciendo zapatos de todos los estilos y para cualquier persona. No se podía dejar eso así de fácil, era el legado de su familia que estaba en juego y todos los empleados le habían enseñado algo.

There was over fifty years of history, fifty years making shoes in every style and for any person. She couldn't leave all that so easily. It was her family's legacy that was at stake and all the employees had taught her something.

Finalmente, los rumores de la venta de la fábrica llegaron a los oídos de los empleados, que empezaron a recordar con nostalgia los mejores diseños. María los reunió a todos para hacer el anuncio y en ese momento recordó las sonrisas, la música, la bondad.

Finally, rumors of the sale of the factory reached the employees' ears, and they started fondly remembering the best designs. Maria met with all of them to make the announcement, but right at that moment she recalled the smiles, the music, the kindness.

Era imposible para ella hablar y viéndolos a todos de frente les dio las gracias repetidamente y después dijo:

– Me han enseñado que no solo tengo una fábrica de zapatos, lo que tenemos es una fábrica de sueños y quiero que sigamos soñando. Nunca la vi como ustedes la ven y tal vez esa era la forma en que la apreciaban mis padres. Las apariencias engañan y lo que yo creía que era una fábrica de zapatos, en realidad son personas ayudando a otras.

It was impossible for her to speak and, looking at them, she thanked them repeatedly, saying:

— "You have shown me that I have not only a shoe factory, but what we have is a dream factory, and I want us to keep on dreaming. I never saw it as you see it, and that was maybe the way my parents appreciated it. Appearances are deceptive, and what I thought was just a shoe factory, is actually people helping others."

A partir de ese momento María se involucró más en la fábrica y modernizó la planta.

No la vendió y no fue necesario despedir a alguien, también incrementó sus ventas y el número de empleados. Ahora ella dice que tiene una fábrica de sueños e incentiva a sus trabajadores a desarrollar proyectos personales. Tiene la consigna de que si tienes felices a los empleados, ellos harán felices a los clientes.

From that moment on, Maria got more involved in the factory and updated the plant.

She didn't sell it, and it wasn't necessary to lay anybody off. She also increased sales and the number of employees. She now says she has a dream factory and encourages her workers to develop personal projects. She has the slogan that if you keep your employees happy, they will make the clients happy.

STORY #8 – LAS LUCES NOCTURNAS (VACACIONES)

Me llamo Juan, y siempre que puedo, viajo a La Manga del mar Menor. La Manga es una zona turística en Murcia, España. Es un trozo de tierra **alargado** que separa el mar Menor del mar Mediterráneo. Cada verano, miles de personas vienen de vacaciones. Hace dos años, yo era un turista normal. Yo vine desde Madrid a **tomar el sol** y a comer paella, pero encontré mucho más.

alargado/a – long, lengthened

tomar el sol – to sunbathe

Cuando miras al cielo de La Manga, a veces, y sólo a veces, puedes ver un objeto brillante volar hacia ti rápidamente. Es un objeto con forma triangular o **redondo**, como un gran plato de porcelana. La **mayoría** de los turistas vienen de Madrid o de Inglaterra. No vienen a absorber la cultura del lugar ni a salir de fiesta. En La Manga no se puede hacer nada más que tomar el sol en las dos largas playas que rodean la zona, **disfrutar** del calor y leer en los balcones hasta quedarse dormido. Allí no hay música ni ningún monumento interesante. Algunas veces, los turistas suben a un barco que les lleva a una isla. El agua de sus playas tiene tanta sal que es imposible **hundirse**. En La Manga sólo hay calma. Lo único excitante que pasa allí es que te **pique** una **medusa**. El calor sofocante y la contaminación hacen que, a veces, los turistas no puedan bañarse en el mar y tengan que ir a las piscinas de sus hoteles. El cielo de verano está negro y la única luz en la calle es la Luna. Casi todos los turistas duermen en sus hoteles, **hostales** o apartamentos **alquilados**. Algunos beben cerveza en un bar de la gran Plaza Bohemia. En ella, los **vendedores** recogen sus tiendas del **mercado ambulante**. Pero por la noche, cuando no puedes

quedarte dormido, tu libro es muy aburrido o tu cerveza se ha quedado caliente, si miras al horizonte puedes ver uno de esos objetos brillantes volar, **sumergirse** en el mar Menor entre las incontables y blancas medusas, pasar por debajo de La Manga, y salir por el mar Mediterráneo. Puedes ver cómo los objetos voladores **se alejan.** Cuando vi este espectáculo por primera vez, me alegré de que mi novela de ciencia ficción fuese tan aburrida y de que mi cerveza se hubiese quedado caliente. Si hubiera dejado de mirar el horizonte durante dos segundos, no podría haberlo visto. Pero lo vi. Aquel libro de William Tenn me hizo abrir los ojos, mirar hacia el final del mar y ver que la realidad era más interesante que cualquier humano viviendo en la pared de la casa de un extraterrestre.

redondo/a – round

mayoría – majority

disfrutar – to enjoy

hundirse – to sink

pique (picar) – sting (to sting)

medusa – jellyfish

hostales – inn

alquilados/as – rented

vendedores – sellers

mercado ambulante – traveling market

quedarte dormido (quedarse dormido) – fall asleep (to fall asleep)

sumergirse – to submerge

Al día siguiente, fui a la playa. Alquilé un **patín** y, yo sólo, pedaleé mar adentro. La mañana era clara y el sol brillaba alto y rojo en el cielo azul. Después de cinco minutos pedaleando, miré hacia la playa y me di cuenta de que casi no me había movido. Seguía rodeado de niños con **flotador** y mujeres sin la parte de arriba del bikini jugando al tenis de playa. Yo ya estaba cansado y mis piernas **ardían** de **dolor**. Me **prometí** a mí mismo en silencio hacer más ejercicio en el futuro, bajé del patín y lo empujé hasta que el agua me llegó al pecho. Volví a subir al pedal y empecé a cantar un éxito del verano para **distraerme** del dolor. Quería **bucear** hasta el punto exacto donde vi desaparecer el **ovni**, pero sospeché que quizá, considerando mi precario estado físico, me **ahogaría** antes en mi propio **sudor** o en mis **lágrimas**. Pedaleé sin parar, respirando muy fuerte, hasta llegar a mi destino. Aquel lugar parecía una isla hecha con medusas en lugar de **arena**. Salté al agua y buceé hacia abajo. La densidad del agua hacía que fuera muy difícil. Las medusas me picaban y el sol me **quemaba** la piel. Diez minutos después, desistí. Debajo del agua no pude ver nada. Volví a la casa de alquiler. El viaje de vuelta me pareció eterno. Llegué a la playa y me **tumbé** sobre una toalla grande y de color verde. Me dolía la piel, la cabeza y las piernas, pero no podía moverme. Un hombre de treinta años aproximadamente se acercó a mí. Llevaba una bolsa llena de gafas de sol y crema solar.

patin – pedalo, paddle boat

flotador – float, rubber ring

ardían (arder) – burned (to burn)

dolor – pain

prometí (prometer) – promised (to promise)

distraerme (distraerse) – to distract myself (to distract)

bucear – to dive

ovni – UFO

ahogaría (ahogar) – will drown (to drown)

sudor – sweat

lágrimas – tears

arena – sand

quemaba (quemar) – burnt (to burn)

tumbé (tumbarse) – laid down (to lay down)

— Las gafas de sol cuestan cinco euros. La **crema solar** vale siete euros. Los masajes valen quince euros.

En las playas, en verano, mucha gente vende gafas y otros productos para turistas **perezosos**. Casi todas las personas se acuerdan de ponerse crema de sol antes de ir a la playa y no necesitan que un extraño les dé un masaje en la espalda delante de todo el mundo. Pero casi todas las personas van a la playa a tomar el sol, a leer una novela de ciencia ficción y a beber una cerveza fría, y no tienen que pensar en extraterrestres invadiendo la Tierra y matando a toda la **civilización**, ni en patines de alquiler, ni en blancas y agresivas medusas.

crema solar – sun screen

perezosos/as – lazy

civilización – civilisation/civilization

Miré al hombre como si fuera un dios, y le pedí que me echara crema solar, y que me diera un masaje en las piernas. Yo quería dormir, **descansar** y olvidar aquella nave espacial. También quería volver a casa, coger mi **maleta** y comprar un **billete** de tren para volver a Madrid. En ese momento, el hombre me preguntó si estaba bien. Me sentí triste y humillado, así que le conté por qué mi piel estaba tan roja y por qué no llevaba crema solar.

Él se rió muy alto. Él era muy **moreno** y tenía el pelo rubio muy claro, un poco largo y liso. Era guapo y delgado. Llevaba un **bañador** azul con flores rosas. Parecía un *surfista* de Australia. Mientras me tocaba la pierna, me contó que él también había visto los ovnis.

descansar – to rest

maleta – suitcase

billete – ticket

moreno/a – tanned

bañador – swimsuit

— Pero no son naves extraterrestres — me dijo —. Son aviones militares. El ejército hace pruebas con ellos. Debajo de La Manga, hay un túnel. Los militares quieren que sus aviones **vuelen** bajo el mar.

El hombre alemán se volvió a reír.

— No se puede volar bajo el mar. Se vuela en el aire — dije yo. Yo estaba muy confundido. Me sentía muy tonto al creer en los extraterrestres.

Él me sonrió:

— Vamos a beber algo en un bar. Pareces estar muy cansado. ¡Estás de vacaciones! No tendrías que estar cansado. Las vacaciones son para descansar y **relajarse**.

— Yo no quiero ir a la terraza de un bar a beber cerveza. Quiero volver a Madrid. Allí, puedo ir al Museo del Prado a ver las pinturas de Francisco de Goya, y puedo ir al Parque del Retiro y caminar **descalzo** por el **césped.** Por las noches, las **farolas** y las luces de los coches no dejan ver los aviones militares en el cielo. Cuando necesito ir a cualquier parte de la ciudad, salgo a la calle y **pido un taxi**. Hay autobuses, y el **metro** conecta toda la ciudad. No necesito pedalear ni bucear para llegar al trabajo.

El hombre alemán sonreía. Tenía los dientes muy blancos y los ojos azules.

— No vamos a ir a la terraza de un bar — me dijo —. Hoy va a llover.

Los dos fuimos a su casa, y nos sentamos en su sofá. Él preparó una jarra grandísima de sangría y la sirvió en dos copas de color azul.

vuelen (volar) – fly (to fly)

relajarse – to relax

descalzo/a – barefoot

césped – grass

farolas – streetlights

pido un taxi (pedir) – order/call a taxi (to order/call)

metro – subway/underground

— Tengo que ir a casa antes de que empiece a llover. Además, esto es muy aburrido y estoy leyendo un libro de fantasía muy interesante — mentí.

El alemán no dijo nada, pero abrió las ventanas completamente y se apoyó en la **repisa**.

Cinco segundos después, empezó la **tormenta**. Las nubes negras taparon el rojo sol, y las calles se mojaron. Hacía mucho aire, y mucho calor. **Se fue la luz.** Esa fue la tormenta de verano más increíble que he visto nunca.

— Mira por la ventana — me dijo, y señaló a izquierda y derecha. En el lado izquierdo, estaba el mar Menor. En el lado derecho, estaba el mar Mediterráneo. Normalmente, el mar Menor es muy calmado y nunca hay **olas**. Es, básicamente, un lago salado. El Mediterráneo es calmado, pero cuando hace un poco de aire, tiene algunas olas pequeñas. Pero ese día de tormenta, los dos mares estaban **salvajes**. Las olas eran cada vez más altas, y en un momento, una ola del mar Menor y una ola del mar Mediterráneo se juntaron en la zona más **estrecha** de La Manga. En ese momento, cinco luces redondas y brillantes aparecieron en el cielo negro, entre las nubes de tormenta y los **relámpagos**. Los aviones volaban muy deprisa, se sumergieron en el mar Menor, pasaron por debajo de nosotros, y salieron por el mar Mediterráneo.

— ¿Alguna vez has visto esto en Madrid?

Hoy, miro desde la ventana de mi apartamento en Madrid. Está **amaneciendo**. Dentro de una hora, cogeré un autobús a Murcia y volveré a La Manga. Juntos, nos tumbaremos en sus **tumbonas** y miraremos a derecha e izquierda, esperando que se junten las olas.

repisa – corbel

tormenta – storm

se fue la luz – the lights went out/off

olas – waves

salvajes – wild

estrecha/o – narrow

relámpagos – lightning bolts

amaneciendo (amanecer) – begining to get light (begin to get light)

tumbonas – deck chairs

QUESTIONS/ PREGUNTAS

1) ¿Dónde está La Manga del mar Menor?
   a) En Madrid
   b) En Murcia
   c) En Inglaterra
   d) No se dice

2) ¿Qué puedes ver en La Manga por la noche si miras al horizonte?
   a) Pájaros
   b) Barcos
   c) Objetos brillantes voladores
   d) Nada, está muy oscuro

3) ¿Por qué alquiló un patín al día siguiente?
   a) Para buscar el lugar donde aterrizó el ovni
   b) Para buscar el lugar donde viven las medusas
   c) Para hacer ejercicio
   d) Porque estaba aburrido

4) ¿Qué le dijo el hombre alemán sobre los objetos?
   a) Que eran helicópteros con turistas
   b) Que eran barcos
   c) Que estaba loco
   d) Que eran aviones militares

5) ¿Desde dónde vieron por la noche los aviones?
   a) Desde la playa
   b) Desde la casa del protagonista
   c) Desde la casa del alemán
   d) Desde la terraza de un bar

ANSWERS/ SOLUCIONES

1) B   2) C   3) A   4) D   5) C

RESUMEN

Juan vive en Madrid pero, en vacaciones, viaja a La Manga. La Manga es un sitio muy tranquilo entre el mar Menor y el Mediterráneo. Por las noches, la gente duerme en sus hoteles o bebe cerveza en las terrazas de los bares. Hace tiempo, de noche, Juan miró al cielo y vio unos ovnis sumergirse en el mar Menor y salir por el mar Mediterráneo. Al día siguiente, Juan buceó hasta el lugar pero no pudo ver nada. Cansado y decepcionado, habló con un hombre alemán sobre eso. El hombre le dijo que él también había visto los ovnis, pero que no eran naves extraterrestres, sino aviones militares. El hombre alemán le invita a su casa para que pueda ver mejor el mar y los aviones.

SUMMARY

Juan lives in Madrid, but he spends his holidays in La Manga. La Manga is a very quiet place between the Menor Sea and the Mediterranean Sea. During the night, people sleep in their hotels or drink beer on a bar terrace. Some time ago, at night, Juan looked at the sky and saw some UFOs submerging into the mar Menor and emerging from the Mediterranean Sea. The next day, Juan goes to the beach and dives, trying to find the spot, but couldn't see anything. Tired and disappointed, he spoke with a German man who tells him he's seen them too, but that they are actually military planes. The German man invites him to his house so he can see the sea and the planes better.

VOCABULARIO

alargado/a – long, lengthened

tomar el sol – to sunbathe

redondo/a – round

mayoría – majority

disfrutar – to enjoy

hundirse – to sink

pique (picar) – sting (to sting)

medusa – jellyfish

hostales – inn

alquilados/as – rented

vendedores – sellers

mercado ambulante – traveling market

quedarte dormido (quedarse dormido) – fall asleep (to fall asleep)

sumergirse – to submerge

patin – pedalo, paddle boat

flotador – float, rubber ring

ardían (arder) – burned (to burn)

dolor – pain

prometí (prometer) – promised (to promise)

distraerme (distraerse) – to distract myself (to distract)

bucear – to dive

ovni – UFO

ahogaría (ahogar) – will drown (to drown)

sudor – sweat

lágrimas – tears

arena – sand

quemaba (quemar) – burnt (to burn)

tumbé (tumbarse) – laid down (to lay down)

crema solar – sun screen

perezosos/as – lazy

civilización – civilisation/civilization

descansar – to rest

maleta – suitcase

billete – ticket

moreno/a – tanned

bañador – swimsuit

vuelen (volar) – fly (to fly)

relajarse – to relax

descalzo/a – barefoot

césped – grass

farolas – streetlights

pido un taxi (pedir) – order/call a taxi (to order/call)

metro – subway

repisa – corbel

tormenta – storm

se fue la luz – the lights went out/off

olas – waves

savajes – wild

estrecha/o – narrow

relámpagos – lightning bolts

amaneciendo (amanecer) – begining to get light (begin to get light)

tumbonas – deck chairs

TRANSLATION

Me llamo Juan, y siempre que puedo, viajo a La Manga del mar Menor. La Manga es una zona turística en Murcia, España. Es un trozo de tierra alargado que separa el mar Menor del mar Mediterráneo. Cada verano, miles de personas vienen de vacaciones. Hace dos años, yo era un turista normal. Yo vine desde Madrid a tomar el sol y a comer paella, pero encontré mucho más.

My name is Juan, and whenever I can, I travel to La Manga in Mar Menor. La Manga is a tourist area in Murcia, Spain. It is a long piece of land that separates Mar Menor from the Mediterranean Sea. Every summer, thousands of people come to vacation. Two years ago, I was a normal tourist. I came from Madrid to sunbathe and eat paella, but I found much more.

Cuando miras al cielo de La Manga, a veces, y sólo a veces, puedes ver un objeto brillante volar hacia ti rápidamente. Es un objeto con forma triangular o redondo, como un gran plato de porcelana. La mayoría de los turistas vienen de Madrid o de Inglaterra. No vienen a absorber la cultura del lugar ni a salir de fiesta. En La Manga no se puede hacer nada más que tomar el sol en las dos largas playas que rodean la zona, disfrutar del calor y leer en los balcones hasta quedarse dormido. Allí no hay música ni ningún monumento interesante. Algunas veces, los turistas suben a un barco que los lleva a una isla. El agua de sus playas tiene tanta sal que es imposible hundirse. En La Manga sólo hay calma. Lo único excitante que pasa allí es que te pique una medusa. El calor es sofocante y la contaminación a veces hacen que, los turistas no puedan bañarse en el mar y tengan que ir a las piscinas de sus hoteles. El cielo de verano está negro y la única luz en la calle es la Luna. Casi todos los turistas duermen en sus hoteles, hostales o apartamentos alquilados. Algunos beben cerveza en un bar de la gran Plaza Bohemia. En ella, los vendedores recogen sus tiendas del mercado ambulante. Pero por la noche, cuando no puedes quedarte dormido, tu libro es muy aburrido o tu cerveza se ha quedado caliente, si miras al horizonte puedes ver uno de esos objetos brillantes volar, sumergirse en el mar Menor entre las incontables y blancas medusas, pasar por debajo de La Manga, y salir por el mar Mediterráneo. Puedes ver cómo los objetos voladores se alejan. Cuando vi este espectáculo por primera vez, me alegré de que mi novela de ciencia ficción fue tan aburrida y de que mi cerveza se hubiese quedado caliente. Si hubiera dejado de mirar el horizonte durante dos segundos, no podría haberlo visto. Pero lo vi. Aquel libro

de William Tenn me hizo abrir los ojos, mirar hacia el final del mar y ver que la realidad era más interesante que cualquier humano viviendo en la pared de la casa de un extraterrestre.

When you look up to the sky of La Manga, sometimes, and only sometimes, you can see a bright object flying towards you very fast. It is an object with a triangular or round shape, like a large porcelain plate. Most of the tourists come from Madrid or from England. They don't come here to absorb the culture of the place or to party. In La Manga you can't do anything but sunbathe in the two long beaches that surround the area, enjoy the heat and read on the balconies until you fall asleep. There's no music or interesting monuments there. Sometimes, the tourists go on a boat that takes them to an island. The beach water has so much salt that is impossible to sink. In La Manga there's only calmness. The only exciting thing that happens there is when a jellyfish stings you. The heat is suffocating, and the pollution sometimes cause the tourists to be unable to bathe in the sea and they have to go to the pools in their hotels. The summer sky is black and the only light on the street is the moon. Almost all the tourists sleep in their hotels, inn or rented apartments. Some drink beer in a bar in the great Plaza Bohemia. There, the vendors pick up their stores from the traveling market. But, at night, when you can't fall asleep, your book is very boring or your beer gets warm, if you look at the horizon you can see one of the bright objects fly, submerge into the sea Menor among the countless white jellyfish, go under La Manga, and exit through the Mediterranean Sea. You can see how the flying objects go away. When I saw this show for the first time, I was glad that my science fiction novel was so boring, and my beer had run warm. If I had stopped looking at the horizon for two seconds, I couldn't have seen it. But I did. That book by William Tenn made me open my eyes, look towards the end of the sea and realizing the reality was more interesting than any human living on the wall of the house of an extraterrestrial.

Al día siguiente, fui a la playa. Alquilé una tabla de remo y, yo sólo, pedaleé mar adentro. La mañana era clara y el sol brillaba alto y rojo en el cielo azul. Después de cinco minutos pedaleando, miré hacia la playa y me di cuenta de que casi no me había movido. Seguía rodeado de niños con flotador y mujeres sin la parte de arriba del bikini jugando al tenis de playa. Yo ya estaba cansado y mis piernas ardían de dolor. Me prometí a mí mismo en silencio hacer más ejercicio en el futuro, bajé de la tabla de remo y lo empujé hasta que el agua me llegó al pecho. Volví a subir a la tabla y empecé a cantar un éxito del verano para distraerme del dolor. Quería bucear hasta el punto exacto donde vi desaparecer el ovni, pero sospeché que quizá, considerando mi precario estado físico, me ahogaría antes en mi propio sudor o en mis lágrimas. Pedaleé sin parar, respirando muy fuerte, hasta llegar a mi destino. Aquel lugar

parecía una isla hecha con medusas en lugar de arena. Salté al agua y buceé hacía abajo. La densidad del agua hacía que fuera muy difícil. Las medusas me picaban y el sol me quemaba la piel. Diez minutos después, desistí. Debajo del agua no pude ver nada. Volví a la casa de alquiler. El viaje de vuelta me pareció eterno. Llegué a la playa y me tumbé sobre una toalla grande de color verde. Me dolía la piel, la cabeza y las piernas, pero no podía moverme. Un hombre de treinta años aproximadamente se acercó a mí. Llevaba una bolsa llena de gafas de sol y crema solar.

The next day I went to the beach. I rented a paddle boatand, by myself, I paddled sea in. The morning was clear, and the sun shined high and red in the blue sky. After five minutes of paddling, I looked towards the beach and realized that I had hardly moved. I was still surrounded by kids with floats and women without their bikini tops playing beach tennis. I was already tired, and my legs were burning in pain. I silently promised myself to exercise more in the future, I got off the paddle boat and I pushed it to where the water got to my chest. I got up on the paddle boat again and I started singing a summer hit to distract myself from the pain. I wanted to dive to the exact same place where I saw the UFO disappear, but I suspected that maybe, considering my precarious physical condition, I would drown before in my own sweat or in my tears. I paddled without stopping, breathing very hard, until I reached my destination. That place looked like an island made of jellyfish instead of sand. I jumped in the water and dived down. The density of the water made it quite difficult. The jellyfish stung me, and the sun burned my skin. Ten minutes later, I gave up. Under the water I couldn't see anything. I went back to the rental house. The journey back seemed eternal. I arrived at the beach and laid down on a large, green towel. My skin, head and legs hurt, but I couldn't move. A man about thirty years old approached me. He had a bag full of sunglasses and sunscreen.

— Las gafas de sol cuestan cinco euros. La crema solar vale siete euros. Los masajes valen quince euros.

En las playas, en verano, mucha gente vende gafas y otros productos para turistas perezosos. Casi todas las personas se acuerdan de ponerse crema de sol antes de ir a la playa y no necesitan que un extraño les dé un masaje en la espalda delante de todo el mundo. Pero casi todas las personas van a la playa a tomar el sol, a leer una novela de ciencia ficción y a beber una cerveza fría, y no tienen que pensar en extraterrestres invadiendo la Tierra y matando a toda la civilización, ni en tablas de remo de alquiler, ni en blancas y agresivas medusas.

— The sunglasses cost five euros. The sunscreen is seven euros. Massages are fifteen euros.

On the beaches, in summer, many people sell sunglasses and other products for lazy tourists. Almost all the people remember to wear sunscreen before going to the beach and they don't need a stranger massaging their backs in front of everyone. But almost everyone goes to the beach to sunbathe, read a science fiction novel and drink a cold beer, and don't have to think about extraterrestrials invading Earth and killing all civilization, or about rental paddle boats, nor in white and aggressive jellyfish.

Miré al hombre como si fuera un dios, y le pedí que me echara crema solar, y que me diera un masaje en las piernas. Yo quería dormir, descansar y olvidar aquella nave espacial. También quería volver a casa, coger mi maleta y comprar un billete de tren para volver a Madrid. En ese momento, el hombre me preguntó si estaba bien. Me sentí triste y humillado, así que le conté por qué mi piel estaba tan roja y por qué no llevaba crema solar.

Él se rió muy alto. Él era muy moreno y tenía el pelo rubio muy claro, un poco largo y liso. Era guapo y delgado. Llevaba un bañador azul con flores rosas. Parecía un *surfista* de Australia. Mientras me tocaba la pierna, me contó que él también había visto los ovnis.

I looked at the man as if he were a god, and I asked him to put sunscreen on me, and to massage my legs. I wanted to sleep rest and forget that spaceship. I also wanted to go back home, grab my suitcase and buy a train ticket back to Madrid. At that moment, the man asked me if I was alright. I felt sad and humiliated, so I told him why my skin was so red and why I wasn't wearing any sunscreen.

He laughed very loudly. He was very tanned and had light blond hair, a little long and straight. He was handsome and thin. He was wearing a blue swimsuit with pink flowers. He looked like an Australian surfer. While he was touching my leg, he told me that he had also seen the UFOs.

— Pero no son naves extraterrestres — me dijo —. Son aviones militares. El ejército hace pruebas con ellos. Debajo de La Manga, hay un túnel. Los militares quieren que sus aviones vuelen bajo el mar.

El hombre alemán se volvió a reír.

— No se puede volar bajo el mar. Se vuela en el aire — dije yo. Yo estaba muy confundido. Me sentía muy tonto al creer en los extraterrestres.

Él me sonrió:

— Vamos a beber algo en un bar. Pareces estar muy cansado. ¡Estás de vacaciones! No tendrías que estar cansado. Las vacaciones son para descansar y relajarse.

— Yo no quiero ir a la terraza de un bar a beber cerveza. Quiero volver a Madrid. Allí, puedo ir al Museo del Prado a ver las pinturas de Francisco de Goya, y puedo ir al Parque del Retiro y caminar descalzo por el césped. Por las noches, las farolas y las luces de los coches no dejan ver los aviones militares en el cielo. Cuando necesito ir a cualquier parte de la ciudad, salgo a la calle y pido un taxi. Hay autobuses, y el metro conecta toda la ciudad. No necesito pedalear ni bucear para llegar al trabajo.

El hombre alemán sonreía. Tenía los dientes muy blancos y los ojos azules.

— No vamos a ir a la terraza de un bar — me dijo —. Hoy va a llover.

Los dos fuimos a su casa, y nos sentamos en su sofá. Él preparó una jarra grandísima de sangría y la sirvió en dos copas de color azul.

— But those are not extraterrestrial ships— he told me —. Those are military aircraft. The army does test runs with them. Under La Manga there's a tunnel. The army wants their planes to fly under the sea.

The German man laughed again.

— You can't fly under the sea. You fly in the air— I said. I was very confused. I felt very foolish for believing in extraterrestrials.

He smiled at me:

— Let's go drink something is a bar. You seem very tired. You are on vacation! You shouldn't be tired. The holidays are to rest and relax.

— I don't want to go to the terrace of a bar to drink beer. I want to go back to Madrid. There, I can go to the Prado Museum to see the paintings of Francisco de Goya, and I can go to the Retiro Park and walk barefoot on the grass. At night, the streetlights and the lights of the cars don't let you see the military aircrafts in the sky. When I need to go anywhere in the city, I go out to the street and call a taxi. There are buses, and the subway connects the entire city. I don't need to pedal or dive to get to work.

The German man was smiling. He had very white teeth and blue eyes.

— We are not going to the terrace of a bar — he told me —. Today it is going to rain.

The two of us went to his house and sat on his sofa. He prepared a large pitcher of sangria and served it in two blue glasses.

— Tengo que ir a casa antes de que empiece a llover. Además, esto es muy aburrido y estoy leyendo un libro de fantasía muy interesante — mentí.

El alemán no dijo nada, pero abrió las ventanas completamente y se apoyó en la repisa.

Cinco segundos después, empezó la tormenta. Las nubes negras taparon el rojo sol, y las calles se mojaron. Hacía mucho aire, y mucho calor. Se fue la luz. Esa fue la tormenta de verano más increíble que he visto nunca.

— Mira por la ventana — me dijo, y señaló a izquierda y derecha. En el lado izquierdo, estaba el Mar Menor. En el lado derecho, estaba el mar Mediterráneo. Normalmente, el Mar Menor es muy calmado y nunca hay olas. Es, básicamente, un lago salado. El Mediterráneo es calmado, pero cuando hace un poco de aire, tiene algunas olas pequeñas. Pero ese día de tormenta, los dos mares estaban salvajes. Las olas eran cada vez más altas, y en un momento, una ola del mar Menor y una ola del mar Mediterráneo se juntaron en la zona más estrecha de La Manga. En ese momento, cinco luces redondas y brillantes aparecieron en el cielo negro, entre las nubes de tormenta y los relámpagos. Los aviones volaban muy deprisa, se sumergieron en el mar Menor, pasaron por debajo de nosotros, y salieron por el mar Mediterráneo.

— ¿Alguna vez has visto esto en Madrid?

Hoy, miro desde la ventana de mi apartamento en Madrid. Está amaneciendo. Dentro de una hora, cogeré un autobús a Murcia y volveré a La Manga. Juntos, nos tumbaremos en sus tumbonas y miraremos a derecha e izquierda, esperando que se junten las olas.

— I have to go home before it starts to rain. Also, this is very boring, and I am reading a very interesting fantasy book — I lied.

The German man said nothing, but he opened the windows completely and leaned on the corbel.

Five seconds later, the storm began. The black clouds covered the red sun, and the streets got wet. It was very windy, and very hot. The lights went out. That was the most incredible summer storm I've ever seen.

— Look through the window — he said and pointed to the left and right. On the left side, there was Mar Menor. On the right side, there was the Mediterranean Sea. Normally, Mar Menor is very calm and there are never any waves. It's basically a Salt Lake. The Mediterranean is calm, but when it gets a little windy, it has some small waves. But on that stormy day, the two seas were wild. The waves were getting higher, and at one point, a wave from Mar Menor and a wave from the Mediterranean Sea came together in the narrowest part of La Manga. In that moment, five bright and round lights appeared in the black sky, between storm clouds and lightning bolts. The aircrafts were flying very fast, they submerged in Mar Menor, they went under us, and left through the Mediterranean Sea.

— Have you ever seen this in Madrid?

Today, I look through the window of my apartment in Madrid. It is beginning to get light. Within an hour, I'll take a bus to Murcia and return to La Manga. Together, we will lie on his deck chairs and look to the right and left, waiting for the waves to come together.

STORY #9 – LA VIDA EN EL HOSPITAL (MESES Y ESTACIONES)

Es marzo. Disfruto de los últimos días de **invierno** desde la ventana de mi habitación en el hospital. Después de un invierno muy frío, espero poder volver a ver los árboles llenos de **hojas** verdes y de flores blancas. Ya noto que las **enfermeras** han bajado la temperatura de las habitaciones, y ya no me despierto a causa del calor por las noches. Ahora, me **tapo** con la sábana blanca y leo con la ventana **entreabierta**. De vez en cuando, la suave **brisa** trae el ruido del **claxon** de un coche y me distrae de mi libro.

invierno – winter

hojas – leaves

enfermeros/as – nurses

tapo – cover

entreabierta – half–open

brisa – breeze

claxon – horn

Hoy es día diez de abril. Mi hija Agnes ha venido a verme. Lleva el **chubasquero** azul claro que le regalé hace dos años. En la calle, está lloviendo mucho, y se ha mojado en el corto paseo que hay desde el **aparcamiento** al aire libre del hospital al **vestíbulo**. Una enfermera la mira enfadada al ver el pequeño charco que se ha formado a sus pies. Le pido que abra la ventana. Me encanta el olor a tierra **mojada** y a los pinos que hay **alrededor** del edificio. Cuando abre la ventana, siento que por fin estoy **respirando** oxígeno y no **enfermedad**.

chubasquero – raincoat

aparcamiento – car park, parking lot

vestíbulo – hall

mojado/a – wet

alrededor – around

respirando – breathing

enfermedad – illness

El **aroma** de los árboles en flor y los pájaros que cantan me despiertan por la mañana. Es un perfecto día de mayo. Cuando miro por la ventana, veo a mi hija Agnes aparcar su coche amarillo a través del **cristal**. El coche, además de feo, es **inconfundible**. Cuando se lo compró me reí del color y dije que era **ridículo**, pero ahora me alegra poder verlo en la distancia. Agnes abre la puerta de mi habitación. Lleva un vestido rosa y zapatillas de deporte. En sus manos lleva flores rojas. Creo que son de nuestro jardín. Echo de menos **cuidar** de nuestras plantas y **regar** el **césped**.

Aroma – scent

Cristal – glass

Inconfundible – unmistakable

Ridículo – ridiculous

Cuidar – to look after

Regar – to water (plants)

Césped – grass

Me levanto con mucho calor. Por un momento, olvido que estoy en el hospital y creo estar en el infierno. Me despierto en un charco de **sudor**. Me duele el pecho, y el **pulsómetro** hace un ruido extraño. Una enfermera viene corriendo y me dice que todo está bien. Ha sido el calor. Solamente es junio, pero ya **echo de menos** la **primavera**. Hoy viene a verme mi hija. Lleva una bolsa de plástico llena de cerezas de nuestro jardín. Son tan dulces... Ella me pregunta cuánto tiempo voy a estar aquí. La verdad, no lo sé. No le digo el incidente de esta mañana. No quiero que **se preocupe**. Debajo del vestido, lleva un bikini rojo. Después del hospital, irá a las **piscinas** municipales.

sudor – sweat

pulsómetro – pulsometer

echo de menos (echar de menos) – miss (to miss)

primavera – spring

se preocupe (preocuparse) – she worries (to worry)

piscinas – swimming pools

Hoy me despierta el ruido. En el vestíbulo, las enfermeras hablan y ríen. Es el cumpleaños de una de ellas. Una enfermera joven me trae un plato de papel con un **trozo de tarta**. Antes de salir, abre la ventana. Ya es julio, y llevo más de cinco meses hospitalizado. Por la ventana abierta oigo el motor de los coches en la **carretera**, y a una mujer jugando con una niña pequeña. Seguramente, la niña es demasiado pequeña para entrar al hospital, y las dos están **esperando** a alguien. Está **atardeciendo**, y mi habitación blanca se ilumina con luz roja y violeta. Me gustaría poder salir fuera en **silla de ruedas**, pero mi doctora dice que mi **salud** está demasiado delicada. Empiezo a leer un nuevo libro. Desde que estoy aquí, he leído al menos siete libros. En un hospital, sin poder moverme, leer es mi único **pasatiempo**.

trozo de tarta – piece of cake

carretera – road

esperando (esperar) – waiting (to wait)

atardeciendo (atardecer) – getting dark (to get dark)

silla de ruedas – wheel chair

salud – health

pasatiempo – hobby

Hoy, cuando me he despertado, mi hija estaba en mi habitación. Ha traído un **cactus** y lo ha puesto encima de la mesa. Una empleada del hospital me ha traído el desayuno. Mientras yo me bebía mi café con leche, mi hija leía en voz alta el periódico. El mundo sigue **girando** mientras yo estoy aquí, en mi cama. Hace mucho calor. Hace tiempo que no llueve. El calor del verano está quemando las hojas de los pinos, y en mi habitación, las sábanas **se pegan** a mi piel por el sudor. Necesito que termine agosto pronto. Agnes lleva un pantalón corto y unas **sandalias** de tacón negras. Está usando sus gafas de sol a modo de **diadema**. Me enseña fotos de nuestra casa y de nuestro perro en su teléfono móvil. Echo de menos mi vida normal. Mi médica dice que, si sigo **mejorando**, podré volver a casa pronto.

cactus – cactus

girando (girar) – spinning (to spin)

se pegan (pegar) – stick (to stick)

sandalias – sandals

diadema – headband

mejorando (mejorar) – improving (to improve)

Es veinticinco de septiembre. Ya es otoño. Todas las enfermeras llevan **pañuelos** azules **atados** al cuello. Es el santo patrón de la ciudad, y el azul es el color que la gente usa para celebrarlo. Mi hija viene al hospital con unos pantalones vaqueros y su pañuelo azul atado en la **muñeca**. Está muy sonriente y lleva una bolsa de plástico en la mano.

— Tengo una sorpresa para ti, papá — me dice.

Dentro de la bolsa, hay algodón de azúcar, churros, y trozos de **coco**.

— He ido a la feria y he comprado ésto.

Cuando era pequeña, los dos íbamos a la feria para celebrar las fiestas de la ciudad, y comprábamos y comíamos esas cosas entre **atracción** y atracción.

Ella está muy feliz. Ya es una persona adulta, pero para mí, ella siempre será mi niña. Los dos pasamos la tarde juntos en mi habitación de hospital, y por la noche, la veo subirse a su coche amarillo e irse a casa por la carretera. En el cielo, hay luna llena. Una enfermera trae la cena, pero yo no tengo hambre.

pañuelos – kerchiefs

atados (atar) – tied (to tie)

muñeca – wrist

coco – coconut

atracción – fairground

Hoy es día diecinueve de octubre. No hace frío, pero llevo una chaqueta de **lana** fina. Abro la ventana, y veo el coche amarillo de Agnes aparcado, y a Agnes abriendo la puerta de detrás. Allí, moviendo el **rabo**, está nuestro perro. Él parece **darse cuenta** de que estoy **asomado** a la ventana, y ladra contento. Ella se gira, y durante unos minutos, hablamos con **gestos** a distancia. En el hospital están prohibidos los perros. Le pregunto a una enfermera si sería posible salir, durante poco tiempo, a la calle para poder saludar a mi perro. Ella mira hacia los dos lados, y después de unos segundos, me dice que sí. Ella trae una silla de ruedas y me acompaña hasta el vestíbulo, Allí, Agnes, mi perro y yo, paseamos entre los pinos del hospital. A las ocho de la tarde, ellos se van y un **celador** me acompaña a mi habitación. Al volver a la habitación, me siento **revitalizado**. El hospital empezaba a parecer una prisión.

Lana – wool

Rabo – tail

darse cuenta – to realize

asomado (asomar) – putting out (to put out)

gestos – gestures

celadores – orderlies

revitalizado – revitalised/revitalized

Es noviembre, y empieza a hacer frío en la calle. Casi ningún árbol tiene hojas, pero los pinos están fuertes y verdes. Cuando las enfermeras se distraen, abro la ventana para poder respirar aire limpio. Ya han subido la temperatura de la **calefacción** y la habitación del hospital parece un paraíso tropical. En mi silla de ruedas, paseo por los corredores del hospital, **cruzándome** con otros pacientes y con los médicos, enfermeros y celadores. En la habitación de al lado hay un chico adolescente. Es muy delgado y ha tenido un accidente de coche. Está bien, a excepción de una pierna **rota**. Los dos hacemos **carreras** en nuestras sillas de ruedas por el **pasillo**. Mientras reímos y giramos las ruedas, veo a mi hija. Trae varios libros en su brazo.

— No quería que te aburrieras — me dice entre risas.

Calefacción – heating

Cruzándome (cruzarse) – bumping into (to bump into)

Rota – broken

Carreras – races

Pasillo – corridor

En diciembre, las enfermeras traen bombones y **turrón** al hospital, y **comparten** los dulces con los pacientes que pueden comer azúcar. El día de Navidad, mi hija me ayuda a ponerme mi abrigo sobre el pijama a cuadros y una **bufanda**, y me saca en mi silla. Fuera, intento levantarme, y con su ayuda, doy algunos **pasos**. Estoy muy contento. La médica dice que necesitaré **rehabilitación**, pero que, en dos meses, podré ir a casa. Agnes y yo nos sentamos debajo de uno de los pinos del jardín. A lo lejos puedo ver su coche **cubierto** de una **capa** de **hielo**.

turrón – turron

comparten (compartir) – share (to share)

bufanda – scarf

pasos – steps

rehabilitación – rehabilitation

cubierto (cubrir) – covered (to cover)

capa – layer

hielo – ice

Hoy es día tres de enero. En el vestíbulo y en la cafetería del hospital, siguen colgados los adornos de las fiestas. Paseo por los pasillos del hospital con **muletas**, y hablo con los pacientes y sus familias. En invierno, la gente visita a los pacientes más a menudo porque no se van de vacaciones. En mi habitación, leo el periódico sentado en la cama, y me pregunto si podré volver al trabajo este curso. Antes de **enfermar**, yo era profesor. Tengo esperanzas de poder volver a mi puesto después del verano.

muletas – crutches

enfermar – to get ill

Hoy, día quince de febrero, soy libre. Mi médica dice que tengo que volver cada mes para asegurarnos de que todo vaya bien, pero que puedo irme a casa. Agnes ha aparcado su coche fuera, y nuestro perro nos espera en el asiento de atrás. En la calle, hace frío y llueve mucho, pero puedo saltar los charcos con ayuda de mis muletas y el aire huele a limpio. El cielo está tapado por las nubes y, en el corto camino del vestíbulo del hospital al coche, mi hija y yo nos **empapamos**.

empapamos (empaparse) – were soaked (to be soaked)

QUESTIONS/ PREGUNTAS

1) ¿Qué le ocurre al protagonista del texto?
   a) Está en casa enfermo

   b) Está ingresado en el hospital

   c) Su hija está ingresada en el hospital

   d) Está de vacaciones

2) ¿De qué color es el coche de su hija?
   a) Blanco

   b) Negro

   c) Verde

   d) Amarillo

3) ¿Por qué le llevan un trozo de tarta?
   a) Porque es su cumpleaños

   b) Porque es el cumpleaños de su hija

   c) Porque es el cumpleaños de una enfermera

   d) Porque sobró de la comida

4) ¿Cuál era el trabajo del protagonista antes de enfermar?
   a) Enfermero

   b) Policía

   c) Profesor

   d) Jubilado

5) ¿En qué estación sale del hospital?
   a) Invierno

   b) Primavera

   c) Verano

   d) Otoño

ANSWERS/ SOLUCIONES

1) B   2) D   3) C   4) C   5) A

RESUMEN

Mientras estoy en el hospital, observo el mundo a través de la ventana de la habitación. Las estaciones desde una habitación de hospital parecen cambiar lentamente. Veo cómo se va el invierno que me enfría y veo como llega la primavera, en la cual anhelo estar, para poder recorrer mi jardín y cuidar de las plantas que en él yacen. Finalmente, veo como al pasar la primavera llega el verano, el cual calienta mi alma y espíritu.

Me acompañan los libros que me trae mi hija Agnes mientras estoy hospitalizada. Desconozco cuánto tiempo estaré aquí, así que esos libros son mi escape ante mi imposibilidad de moverme.

Mi hija me visita constantemente, ella siempre está sonriente, a veces me sorprende con regalos y también viene con mi perro que sabe que estoy aquí.

Cada estación tiene detalles únicos, así como la gente del hospital que me ha tratado muy bien. Estoy aquí desde hace muchos meses, casi un año y solo quiero volver a mi vida normal, volver a mi ocupación de profesor y cambiar la ventana del hospital por la puerta que me ofrece la libertad de respirar afuera.

SUMMARY

While I'm in hospital I observe the world through the window in my room. Seasons seem to change slowly when watched through a hospital-room window. I see how the winter that chills me leaves and how spring arrives, and I long to be in it, walking through my garden and taking care of the plants. I then see summer come at the end of spring, warming my soul and spirit.

My companions are the books my daughter Agnes brings me while I'm hospitalized. I don't know how long I will be here, so those books help me escape from my inability to move.

My daughter visits me constantly; she is always smiling and sometimes surprises me with gifts. She also brings my dog, who knows I am here.

Each season has its own unique details, just as the people here at the hospital, who have treated me very well. I have been here for many months now, almost a year, and I just want to go back to my normal life, go back to being a professor and exchange the hospital window for the door that offers me the freedom to breathe outside.

VOCABULARIO

invierno – winter

hojas – leaves

enfermeros/as – nurses

tapo – cover

entreabierta – half-open

brisa – breeze

claxon – horn

chubasquero – raincoat

aparcamiento – car park, parking lot

vestíblo – hall

mojado/a – wet

alrededor – around

respirando – breathing

enfermedad – illness

Aroma – scent

Cristal – glass

Inconfundible – unmistakable

Ridiculo – ridiculous

Cuidar – to look after

Regar – to water (plants)

Césped – grass

sudor – sweat

pulsómetro – pulsometre

echo de menos (echar de menos) – miss (to miss)

primavera – spring

se preocupe (preocuparse) – she worries (to worry)

piscinas – swimming pools

trozo de tarta – piece of cake

carretera – road

esperando (esperar) – waiting (to wait)

atardeciendo (atardecer) – getting dark (to get dark)

silla de ruedas – wheel chair

salud – health

pasatiempo – hobby

cactus – cactus

girando (girar) – spinning (to spin)

se pegan (pegar) – stick (to stick)

sandalias – sandals

diadema – headband

mejorando (mejorar) – improving (to improve)

pañuelos – kerchiefs

atados (atar) – tied (to tie)

muñeca – wrist

coco – coconut

atracción – fairground

Lana – wool

Rabo – tail

darse cuenta – to realize

asomado (asomar) – putting out (to put out)

gestos – gestures

celadores – orderlies

revitalizado – revitalised/revitalized

Calefacción – heating

Cruzándome (cruzarse) – bumping into (to bump into)

Rota – broken

Carreras – races

Pasillo – corridor

turrón – turron

comparten (compartir) – share (to share)

bufanda – scarf

pasos – steps

rehabilitación – rehabilitation

cubierto (cubrir) – covered (to cover)

capa – layer

hielo – ice

muletas – crutches

enfermar – to get ill

empapamos (empaparse) – were soaked (to be soaked)

TRANSLATION

Es marzo. Disfruto de los últimos días de invierno desde la ventana de mi habitación en el hospital. Después de un invierno muy frío, espero poder volver a ver los árboles llenos de hojas verdes y de flores blancas. Ya noto que las enfermeras han bajado la temperatura de las habitaciones, y ya no me despierto a causa del calor por las noches. Ahora, me tapo con la sábana blanca y leo con la ventana entreabierta. De vez en cuando, la suave brisa trae el ruido del claxon de un coche y me distrae de mi libro.

It's March. I enjoy the last days of winter from the window of my hospital room. After a very cold winter, I hope to be able to see the trees full of green leaves and white flowers again. I've already noticed that the nurses have lowered the temperature of the rooms, and I no longer wake up because of the heat at night. Now, I cover myself with the white sheet and read with the window half-open. From time to time, the soft breeze brings in the noise of the horn of a car and distracts me from my book.

Hoy es día diez de abril. Mi hija Agnes ha venido a verme. Lleva el chubasquero azul claro que le regalé hace dos años. En la calle, está lloviendo mucho, y se ha mojado en el corto paseo que hay desde el aparcamiento al aire libre del hospital al vestíbulo. Una enfermera la mira enfadada al ver el pequeño charco que se ha formado a sus pies. Le pido que abra la ventana. Me encanta el olor a tierra mojada y a los pinos que hay alrededor del edificio. Cuando abre la ventana, siento que por fin estoy respirando oxígeno y no enfermedad.

Today is the tenth of April. My daughter Agnes has come to see me. She is wearing the light blue raincoat I gave her two years ago. On the street, it is raining a lot, and the short walk that goes from the open-air parking lot of the hospital to the lobby has gotten wet. A nurse looks at her angrily when she sees the small puddle that has formed at her feet. I ask her to open the window. I love the smell of wet soil and pine trees that 's around the building. When she opens the window, I feel that I am finally breathing oxygen and not illness.

El aroma de los árboles en flor y los pájaros que cantan me despiertan por la mañana. Es un perfecto día de mayo. Cuando miro por la ventana, veo a mi hija Agnes aparcar su coche amarillo a través del cristal. El coche, además de feo, es inconfundible. Cuando se lo compró me reí del color y dije que era ridículo, pero ahora me alegra poder verlo en la distancia. Agnes abre la puerta de mi habitación. Lleva un vestido rosa y zapatillas de deporte. En sus manos lleva flores rojas. Creo que son

de nuestro jardín. Echo de menos cuidar de nuestras plantas y regar el césped.

The scent of the trees in bloom and the birds that sing wake me up in the morning. It's a perfect day in May. When I look out the window, I see my daughter Agnes park her yellow car through the glass. The car, apart from ugly, is unmistakable. When she bought it, I laughed at the color and told her it was ridiculous, but now I'm glad to see it in the distance. Agnes opens the door of my room. She is wearing a pink dress and sneakers. In her hands she is carrying red flowers. I think they are from our garden. I miss looking after our plants and watering the grass.

Me levanto con mucho calor. Por un momento, olvido que estoy en el hospital y creo estar en el infierno. Me despierto en un charco de sudor. Me duele el pecho, y el pulsómetro hace un ruido extraño. Una enfermera viene corriendo y me dice que todo está bien. Ha sido el calor. Solamente es junio, pero ya echo de menos la primavera. Hoy viene a verme mi hija. Lleva una bolsa de plástico llena de cerezas de nuestro jardín. Son tan dulces... Ella me pregunta cuánto tiempo voy a estar aquí. La verdad, no lo sé. No le digo el incidente de esta mañana. No quiero que se preocupe. Debajo del vestido, lleva un bikini rojo. Después del hospital, irá a las piscinas municipales.

I wake up feeling very hot. For a moment, I forget that I am in the hospital and I believe I am in hell. I wake up in a puddle of sweat. My chest hurts, and the pulsometer makes a strange noise. A nurse comes running and tells me that everything is fine. It has been the heat. It's only June, but I miss spring already. Today my daughter is coming to see me. She brings a plastic bag full of cherries from our garden. They are so sweet ... She asks me for how long I will be here. The truth is, I don't know. I don't tell her about the incident of this morning. I don't want her to worry. Under the dress, she is wearing a red bikini. After the hospital, she will go to the municipal swimming pools.

Hoy me despierta el ruido. En el vestíbulo, las enfermeras hablan y ríen. Es el cumpleaños de una de ellas. Una enfermera joven me trae un plato de papel con un trozo de tarta. Antes de salir, abre la ventana. Ya es julio, y llevo más de cinco meses hospitalizado. Por la ventana abierta oigo el motor de los coches en la carretera, y a una mujer jugando con una niña pequeña. Seguramente, la niña es demasiado pequeña para entrar al hospital, y las dos están esperando a alguien. Está atardeciendo, y mi habitación blanca se ilumina con luz roja y violeta. Me gustaría poder salir afuera en silla de ruedas, pero mi doctora dice que mi salud está demasiado delicada. Empiezo a leer un nuevo libro. Desde que estoy

aquí, he leído al menos siete libros. En un hospital, sin poder moverme, leer es mi único pasatiempo.

Today the noise wakes me up. In the lobby, the nurses are talking and laughing. It's one of their birthday's. A young nurse brings me a paper plate with a piece of cake. Before leaving, she opens the window. It is already July, and I have been hospitalized for more than five months. Through the open window I hear the engine of the cars on the road, and a woman playing with a little girl. Surely, the girl is too young to enter the hospital, and both are waiting for someone. It is getting dark, and my white room is illuminated with red and violet light. I would like to be able to go outside in a wheelchair, but my doctor says that my health is too delicate. I start reading a new book. Since I'm here, I've read at least seven books. In a hospital, unable to move, reading is my only hobby.

Hoy, cuando me he despertado, mi hija estaba en mi habitación. Ha traído un cactus y lo ha puesto encima de la mesa. Una empleada del hospital me ha traído el desayuno. Mientras yo me bebía mi café con leche, mi hija leía en voz alta el periódico. El mundo sigue girando mientras yo estoy aquí, en mi cama. Hace mucho calor. Hace tiempo que no llueve. El calor del verano está quemando las hojas de los pinos, y en mi habitación, las sábanas se pegan a mi piel por el sudor. Necesito que termine agosto pronto. Agnes lleva un pantalón corto y unas sandalias de tacón negras. Está usando sus gafas de sol a modo de diadema. Me enseña fotos de nuestra casa y de nuestro perro en su teléfono móvil. Echo de menos mi vida normal. Mi médica dice que, si sigo mejorando, podré volver a casa pronto.

Today, when I woke up, my daughter was in my room. She has brought a cactus and put it on the table. An employee of the hospital brought me my breakfast. While I was drinking my coffee with milk, my daughter reads the newspaper out loud. The world keeps spinning while I'm here, in my bed. It is very hot. It has not rained in a long time. The heat of summer is burning the leaves of the pines, and in my room, the sheets are stick to my skin because of my sweat. I want August to end soon. Agnes is wearing shorts and black heeled sandals. She is wearing her sunglasses as a headband. She shows me photos of our house and our dog on her mobile phone. I miss my normal life. My doctor says that, if I keep improving, I could go home soon.

Es veinticinco de septiembre. Ya es otoño. Todas las enfermeras llevan pañuelos azules atados al cuello. Es el santo patrón de la ciudad, y el azul es el color que la gente usa para celebrarlo. Mi hija viene al hospital con unos pantalones vaqueros y su pañuelo azul atado en la muñeca. Está muy sonriente y lleva una bolsa de plástico en la mano.

— Tengo una sorpresa para ti, papá — me dice.

Dentro de la bolsa, hay algodón de azúcar, churros, y trozos de coco.

— He ido a la feria y he comprado ésto.

Cuando era pequeña, los dos íbamos a la feria para celebrar las fiestas de la ciudad, y comprábamos y comíamos esas cosas entre atracción y atracción.

Ella está muy feliz. Ya es una persona adulta, pero para mí, ella siempre será mi niña. Los dos pasamos la tarde juntos en mi habitación de hospital, y por la noche, la veo subirse a su coche amarillo e irse a casa por la carretera. En el cielo, hay luna llena. Una enfermera trae la cena, pero yo no tengo hambre.

It's the twenty-fifth of September. It's autumn already. All the nurses are wearing blue kerchiefs tied around their necks. It is the patron saint of the city, and blue is the color that people use to celebrate it. My daughter comes to the hospital with new jeans and her blue kerchief tied around her wrist. She is very smiley and carries a plastic bag in her hand.

— I have a surprise for you, dad — she says.

Inside the bag, there is cotton candy, churros, and pieces of coconut.

— I went to the fair and bought this.

When she was little, we both went to the fair to celebrate the city's parties, and we bought and ate those things between one attraction to another.

She is very happy. She is already an adult, but for me, she will always be my little girl. We both spent the afternoon together in my hospital room, and at night, I see her getting in her yellow car and going home on the road. In the sky, there is a full moon. A nurse brings dinner, but I'm not hungry anymore.

Hoy es día diecinueve de octubre. No hace frío, pero llevo una chaqueta de lana fina. Abro la ventana, y veo el coche amarillo de Agnes aparcado, y a Agnes abriendo la puerta de detrás. Allí, moviendo el rabo, está nuestro perro. Él parece darse cuenta de que estoy asomado a la ventana, y ladra contento. Ella se gira, y durante unos minutos, hablamos con gestos a distancia. En el hospital están prohibidos los perros. Le pregunto a una enfermera si sería posible salir, durante poco tiempo, a la calle para poder saludar a mi perro. Ella mira hacia los dos lados, y después de unos segundos, me dice que sí. Ella trae una silla de ruedas y me acompaña hasta el vestíbulo, Allí, Agnes, mi perro y yo, paseamos entre

los pinos del hospital. A las ocho de la tarde, ellos se van y un celador me acompaña a mi habitación. Al volver a la habitación, me siento revitalizado. El hospital empezaba a parecer una prisión.

Today is the nineteenth day of October. It's not cold, but I'm wearing a fine wool jacket. I open the window, and I see Agnes's yellow car parked, and Agnes opening the back door. There, wagging its tail is our dog. He seems to realize that I am leaning out of the window, and barks happily. She turns around, and for a few minutes, we talk with gestures from a distance. In the hospital, dogs are not allowed. I ask a nurse if it would be possible to go out, for a short time to the street to be able to greet my dog. She looks both ways, and after a few seconds she says yes. She brings a wheelchair and accompanies me to the lobby. There Agnes, my dog and I, walk through the pines of the hospital. At eight o'clock in the afternoon, they leave and a security guard accompanies me to my room. When I return to the room, I feel revitalized. The hospital was beginning to look like a prison.

Es noviembre, y empieza a hacer frío en la calle. Casi ningún árbol tiene hojas, pero los pinos están fuertes y verdes. Cuando las enfermeras se distraen, abro la ventana para poder respirar aire limpio. Ya han subido la temperatura de la calefacción y la habitación del hospital parece un paraíso tropical. En mi silla de ruedas, paseo por los corredores del hospital, cruzándome con otros pacientes y con los médicos, enfermeros y celadores. En la habitación de al lado hay un chico adolescente. Es muy delgado y ha tenido un accidente de coche. Está bien, a excepción de una pierna rota. Los dos hacemos carreras en nuestras sillas de ruedas por el pasillo. Mientras reímos y giramos las ruedas, veo a mi hija. Trae varios libros en su brazo.

— No quería que te aburrieras — me dice entre risas.

It's November, and it starts getting cold in the street. Almost no trees have leaves, but the pines are strong and green. When the nurses get distracted, I open the window so that I can breathe fresh air. They have already raised the temperature of the heating and the hospital room feels like a tropical paradise. In my wheelchair, I go through the corridors of the hospital, bumping into other patients and with the doctors, nurses and security guards. In the room next door there is a teenage boy. He is very thin and has had a car accident. He's alright, except for a broken leg. We both race in our wheelchairs through the corridor. While we laugh and turn the wheels, I see my daughter. She has several books in her arm.

— I didn't want you to be bored — she says while she laughs.

En diciembre, las enfermeras traen bombones y turrón al hospital, y comparten los dulces con los pacientes que pueden comer azúcar. El día de Navidad, mi hija me ayuda a ponerme mi abrigo sobre el pijama a cuadros y una bufanda, y me saca en mi silla. Fuera, intento levantarme, y con su ayuda, doy algunos pasos. Estoy muy contento. La doctora dice que necesitaré rehabilitación, pero que, en dos meses, podré ir a casa. Agnes y yo nos sentamos debajo de uno de los pinos del jardín. A lo lejos puedo ver su coche cubierto de una capa de hielo.

In December, nurses bring chocolates and nougat to the hospital, and share the sweets with patients who can eat sugar. On Christmas day, my daughter helps me put on my coat over the plaid pajamas and a scarf and she takes me out in my chair. Outside, I try to get up with her help and I take some steps. I'm very happy. The doctor says that I will need rehabilitation, but that, in two months, I will be able to go home. Agnes and I sat under one of the pines in the garden. In the distance I can see her car covered in a layer of ice.

Hoy es día tres de enero. En el vestíbulo y en la cafetería del hospital, siguen colgados los adornos de las fiestas. Paseo por los pasillos del hospital con muletas, y hablo con los pacientes y sus familias. En invierno, la gente visita a los pacientes más a menudo porque no se van de vacaciones. En mi habitación, leo el periódico sentado en la cama, y me pregunto si podré volver al trabajo este curso. Antes de enfermar, yo era profesor. Tengo esperanzas de poder volver a mi puesto después del verano.

Today is the third day of January. In the lobby and in the hospital cafeteria, festive decorations are still hanging. I walk through the hospital corridors with my crutches and talk to the patients and their families. In winter, people visit the patients more often because they don't go on vacation. In my room, I read the newspaper sitting on the bed, and I wonder if I could go back to work this school year. Before getting ill, I was a professor. I hope to be able to return to my postion after the summer.

Hoy, día quince de febrero, soy libre. Mi doctora dice que tengo que volver cada mes para asegurarnos de que todo vaya bien, pero que puedo irme a casa. Agnes ha aparcado su coche fuera, y nuestro perro nos espera en el asiento de atrás. En la calle, hace frío y llueve mucho, pero puedo saltar los charcos con ayuda de mis muletas y el aire huele a limpio. El cielo está tapado por las nubes y, en el corto camino del vestíbulo del hospital al coche, mi hija y yo nos empapamos.

Today, the fifteenth day of February, I am free. My doctor says I have to go back every month to make sure everything goes well, but I can go home. Agnes has parked her car outside, and our dog is waiting for us in the back seat. On the street, it's cold and it's raining a lot, but I can jump over the puddles with the help of my crutches and the air smells like clean. The sky is covered by clouds and, on the short way from the hospital lobby to the car, my daughter and I get soaked.

STORY #10 – LA CRIADA GENIO (LAS TAREAS DEL HOGAR)

Han pasado muchos años desde que mis padres fueron **profesores** en la Universidad de la Florida y me parece que hubiera sido ayer. Vivíamos en una enorme casa mi papá, mamá, Max y yo. Max era mi perro que solo se la pasaba corriendo en el patio detrás de las ardillas sin dejarlas **tranquilas**.

profesores – professors

tranquilas – leaving alone

En el año 1990, mis padres habían sido trasladados a Florida para dictar sus cátedras de química y de filosofía **respectivamente**. Apenas nos estábamos

acostumbrando a la ciudad que era un poco más grande y **calurosa** que la anterior. Max jugaba todo el tiempo, parecía que tenía energía **inagotable** y yo no podía seguir el ritmo.

respectivamente – respectively

acostumbrando – getting used to

(más) calurosa – hotter

inagotable – endless

Solo vivíamos los cuatro, la casa era muy grande, por lo que había la **necesidad** de que alguien ayudara a mamá con algunas cosas. En ese entonces era normal tener en casa una empleada doméstica joven que viniera de algún pueblo. Casi no tenían **oportunidades** y trataban de salir de sus pueblos como **sirvientas** para alguna familia. Así es como llegó a nuestra casa una joven de 18 años. Su nombre era Karla, era un poco tímida, venía de un pueblo llamado La Mesa en donde creció con sus dos hermanos menores.

necesidad – need

oportunidades – opportunities

sirvientas – maids

Yo tenía 8 años y estaba asistiendo a la escuela primaria pero solo me interesaba que llegaran las vacaciones. Confieso que no me gustaba estudiar y las matemáticas eran una **pesadilla** para mí. Bueno, no solo **matemáticas**, en realidad casi todo era una pesadilla para mí menos la clase de arte. Desde esa edad yo sabía que lo mío era el arte, dibujar me hacía feliz y mis padres me entendían hasta cierto punto. Lo cierto es que ellos no soportaban que yo fuera tan **despistado** para otras cosas.

pesadilla – nightmare

matemáticas – math

despistado – clueless

Mi mamá me **regañaba** por todas las anotaciones que me escribían los maestros en las que decían que yo no prestaba atención. Me quitaban la televisión, los juegos de video, tampoco podía hablar con mis nuevos amigos, solo éramos Max y yo.

Era absolutamente **aburrido** mirar a la ventana y ver a los otros niños divertirse mientras yo estaba castigado.

regañaba – scolded

aburrido – boring

Para el verano, mis padres decidieron contratar a un tutor ya que mi **rendimiento** era muy bajo y yo tampoco le prestaba atención. Estoy seguro que hacía su mejor esfuerzo por enseñarme, pero yo era como un pájaro que se **distraía** con cualquier cosa. Cada uno de los tutores se iba tan rápido como llegaba y le daban quejas a mis padres de lo poco **disciplinado** que era yo.

rendimiento – achievement

distraía – distracted

disciplinado – disciplined

Algo que me causaba **curiosidad** era ver a Karla muy atenta a lo que trataban de **enseñarme** mis tutores, también se reía de ellos al verlos perder la paciencia conmigo.

Después de que se fuera el último tutor, Karla fue al estudio y me preguntó que por qué no me gustaban las matemáticas y mi respuesta fue que no eran divertidas.

Yo creía que no las necesitaba y pues quién en su vida ha usado el **trinomio** cuadrado perfecto para resolver algo del día a día.

curiosidad – intrigue(d)

enseñarme – teach me

trinomio – trinomial

Mis padres estaban **enojados** conmigo porque ningún tutor quería ir a casa, ellos creían que yo era un caso perdido.

Y fue así como un día **apareció** Karla con un tablero en el estudio de papá y me dijo que ella sería mi nueva tutora. Yo estaba pensando en esa chica y no creía que me pudiera enseñar algo, pero ella me dijo que sería divertido.

enojados – mad

apareció – appeared

Convertimos el estudio en un salón de clases a escondidas de mis padres, éramos Karla, Max que era mi **compañero** y yo. Ella me decía que haríamos que las matemáticas fueran divertidas usando ejemplos de lo que hacemos a diario.

Max fue muy útil para todo esto con sus movimientos **repentinos** que Karla sabía **interpretar** y **convertirlos** en números. Después de eso ella me lo enseñaba de una manera tan sencilla que empezaba a disfrutarlo.

compañero – classmate

repentinos – sudden

interpretar – interpret

convertirlos – convert them

Durante casi todo el día Karla hacía todo en la casa y de repente se convertía en la mejor profesora que existía. Resulta que Karla era una especie de genio y le **encantaba** enseñar. Ella quería algún día ser maestra de matemáticas y hacerlas ver fáciles para todos.

encantaba – loved

Todo era una oportunidad para aprender con ella porque incluso un **clavado** en la piscina lo **aprovechaba** para enseñar. Yo le decía que ella era la criada genio y le conté a muchos compañeros que ella era la mejor. Mis padres aun no lo sabían incluso cuando ya los vecinos empezaban a **murmurar** sobre Karla.

clavado – diving

aprovechaba – was used

murmurar – to murmur

Mis padres trabajaban la mayor parte del día, así que los veranos los **transformábamos** y tomábamos una hora diaria de matemáticas. Éramos cinco personas y Max. Los padres de mis compañeros querían pagarle a Karla por los servicios de tutoría, pero ella no aceptaba. Antes de aceptar, Karla quería que mis padres supieran.

transformábamos – would transform

Ella no se había atrevido a decirles por pena a que le dijeran que ella no sabía enseñar o que la **despidieran** por no hacer su trabajo. Un día mis padres llegaron temprano, llegaron justo a la hora en que estábamos en clase y Max estaba dormido y no nos avisó. Al entrar, mis padres escucharon algo de bulla y fueron al estudio en donde estábamos todos en clase.

despidieran – firing

Ellos se quedaron **boquiabiertos** al ver la escena, Max empezó a ladrar al verlos y Karla se puso de todos los colores de la pena. Ella les dijo que podía **explicarles**, que ella solo nos estaba enseñando.

boquiabiertos – mouths open

explicarles – explain (to them)

Mis padres seguían un poco **impresionados** y le preguntaron qué desde cuándo lo hacía. Ella tímidamente respondió que estaba haciéndolo desde hace tres semanas y que muchos niños ahora estaban aprendiendo. Mi mamá le preguntó que cómo hacía para enseñar y ella **cabizbaja** respondía que haciéndolo divertido.

impresionados – impressed

cabizbaja – head down

Mi mamá nos dijo que había escuchado de un vecino sobre la criada genio, pero nunca se imaginó que pudiera ser ella. Era una sorpresa que fuera Karla con 18 años la tutora de su hijo y de otros niños. Mis padres eran profesores **universitarios** así que le dijeron a Karla que se sintiera tranquila. Por fin había alguien que me podía enseñar sin que me **distrajera** con el vuelo de una mariposa decía mi mamá.

universitarios – college

distrajera – distracting

Ese mismo día mi mamá salió a **gritar** a los **cuatro vientos** que Karla era la criada genio y por supuesto le podían pagar por las tutorías. De esa forma ella podía ayudarle más a sus hermanos menores.

Hasta mis padres y los padres de mis compañeros se unían a las clases de Karla. Era como si las **matemáticas** fueran una obra de arte, era sencillo, ella lo hacía ver sencillo.

distrajera gritar – shout(ed)

cuatro vientos – four winds

matemáticas – math

Ella hablaba **matemáticamente** sobre el viento, el agua, la tierra, el fuego. Su imaginación era increíble para enseñar a niños y adultos sobre **Pitágoras** y que lo disfrutaran. Le daba uso diario a las matemáticas de una forma que nos **trasladaba** a todos a los **confines** del universo. Las clases ya no eran solo en nuestra casa sino que también en la casa de los vecinos.

matemáticamente – mathematically

Pitágoras – Pythagoras

trasladaba – transferred

confines – far ends

Karla en poco tiempo dejó de trabajar como criada en nuestra casa y empezó a dar tutorías en toda la ciudad. Ella seguía viviendo con nosotros y al **desocuparse** nos daba clase a mí y a mis compañeros. Incluso Max se había convertido en matemático, le poníamos gafas, le tomábamos algunas fotos y **bromeábamos** con él. Era el perro matemático.

desocuparse – finished

bromeábamos – (we) would joke around

Karla no solo hacía ver sencillas las matemáticas, ella hacía ver sencillo todo y con tal simpatía que se volvió muy famosa por sus tutorías. Mis padres le **consiguieron** una beca universitaria y así cumplir su sueño de ser profesora. Ella siempre fue una maestra fantástica y a pesar del tiempo siempre estábamos en contacto.

consiguieron – got

Pasaron 15 años, ahora Karla es profesora en la Universidad de colorado, también hace **voluntariado** para enseñar en escuelas. Siempre haciendo que las matemáticas se vean divertidas con lo que hacemos cada día. También recibió premios internacionales por resolver algunas ecuaciones que llevaban siglos sin responder.

Algunas de esas ecuaciones tenían nombres **extraños** que después se llamarían ecuación de Kargon en honor a Karla Gonzáles.

voluntariado – volunteer work

extraños – strange

En cuanto a mí, me dediqué al arte, a explorar a través de la pintura y **escultura**, me encanta pintar, me da libertad. Estoy alejado de las matemáticas, pero siempre tendré el recuerdo de lo simple y divertido que fue tomar clases con la criada genio.

Hoy tendré mi primera **exposición** como artista, mis padres están **aprovechando** y se toman unas copas de vino. Pronto llegará Karla con su esposo y su hija.

escultura – sculpture

exposición – exhibition

aprovechando – taking the opportunity

QUESTIONS /REGUNTAS

1) ¿Cómo se llama el pueblo en donde creció Karla?
   a) La Tabla
   b) La Mesa
   c) Cajicá
   d) Florida

2) ¿Por qué ningún tutor quería ir a la casa?
   a) Porque era muy lejos
   b) Creían que asustaba
   c) Creían que el niño era un caso perdido
   d) Porque hacía mucho calor

3) ¿Cómo le decían a Karla?
   a) La criada genio
   b) La sabelotodo
   c) La criada inteligente
   d) Genio

4) ¿Qué hacía Karla para que los niños aprendieran?
   a) Los regañaba
   b) Les daba café
   c) Preparaba regalos
   d) Haciéndolo divertido

5) ¿Por qué recibió Karla un premio?
   a) Porque cocinaba muy rico
   b) Porque era muy popular
   c) Porque resolvió unas ecuaciones
   d) Porque les enseñó a pintar.

ANSWERS/ SOLUCIONES

1) B   2) C   3) A   4) D   5) C

RESUMEN

Una pareja de profesores recién trasladados a Florida contrató a una criada para que le ayudara con los oficios de la casa. Eran los padres, el niño y el perro Max. Las matemáticas no se le daban al niño que hacía lo posible para arruinar el día de los tutores que iban a la casa. La criada Karla, que era un genio para las matemáticas, le empezó a enseñar de una manera diferente. Ella lo hacía divertido y el rumor de la criada genio se fue esparciendo por el barrio.

Todos se dan cuenta de las habilidades que tiene Karla y deciden apoyarla en su sueño de convertirse en maestra. Después de muchos años, Karla es una prominente matemática galardonada internacionalmente. A pesar de los años y las distancias todos siguieron en contacto y ahora aquel niño se convirtió en un gran artista.

SUMMARY

A couple of professors who recently transferred to Florida hired a maid to help around the house. In the house there were the parents, their boy, and Max the dog. The boy wasn't good at math and he did everything he could to ruin the day for the tutors that tried to help him. Karla, the maid, who was a genius at math, started teaching him in a different way. She made it fun, and gradually rumors of the genius maid spread throughout the neighborhood.

Everybody noticed Karla's skills and decided to help her with her dream of becoming a teacher. After many years, Karla is now a prominent, international award–winning mathematician. Despite the time and distance, they have all kept in touch, and now that boy has become a great artist.

VOCABULARIO

profesores – professors

tranquilas – leaving alone

respectivamente – respectively

acostumbrando – getting used to

(más) calurosa – hotter

inagotable – endless

necesidad – need

oportunidades – opportunities

sirvientas – maids

pesadilla – nightmare

matemáticas – math

despistado – clueless

regañaba – scolded

aburrido – boring

rendimiento – achievement

distraía – distracted

disciplinado – disciplined

curiosidad – intrigue(d)

enseñarme – teach me

trinomio – trinomial

enojados – mad

apareció – appeared

compañero – classmate

repentinos – sudden

interpretar – interpret

convertirlos – convert them

encantaba – loved

clavado – diving

aprovechaba – was used

murmurar – to murmur

transformábamos – would transform

despidieran – firing

boquiabiertos – mouths open

explicarles – explain (to them)

impresionados – impressed

cabizbaja – head down

universitarios – college

distrajera – distracting

distrajera gritar – shout(ed)

cuatro vientos – four winds

matemáticas – math

matemáticamente – mathematically

Pitágoras – Pythagoras

trasladaba – transferred

confines – far ends

desocuparse – finished

bromeábamos – (we) would joke around

consiguieron – got

voluntariado – volunteer work

extraños – strange

escultura – sculpture

exposición – exhibition

aprovechando – taking the opportunity

TRANSLATION

Han pasado muchos años desde que mis padres fueron profesores en la Universidad de la Florida y me parece que hubiera sido ayer. Vivíamos en una enorme casa mi papá, mamá, Max y yo. Max era mi perro que solo se la pasaba corriendo en el patio detrás de las ardillas sin dejarlas tranquilas.

It's been a long time since my parents were professors at the University of Florida but it seems like yesterday. My dad, my mom, Max, and I lived in a big house. Max was my dog, who spent his time running around in the yard chasing squirrels, never leaving them alone.

En el año 1990, mis padres habían sido trasladados a Florida para dictar sus cátedras de química y de filosofía respectivamente. Apenas nos estábamos acostumbrando a la ciudad que era un poco más grande y calurosa que la anterior. Max jugaba todo el tiempo, parecía que tenía energía inagotable y yo no podía seguir el ritmo.

It was 1990 and my parents had been transferred to Florida to teach chemistry and philosophy, respectively. We were just getting used to the city, which was bigger and hotter than the previous one. Max played all the time; it seemed like he had endless energy and I couldn't keep up with him.

Solo vivíamos los cuatro, la casa era muy grande, por lo que había la necesidad de que alguien ayudara a mamá con algunas cosas. En ese entonces era normal tener en casa una empleada doméstica joven que viniera de algún pueblo. Casi no tenían oportunidades y trataban de salir de sus pueblos como sirvientas para alguna familia. Así es como llegó a nuestra casa una joven de 18 años. Su nombre era Karla, era un poco tímida, venía de un pueblo llamado La Mesa en donde creció con sus dos hermanos menores.

Only the four of us lived there, and the house was very big, so we were in need of someone to help my mom with some chores. In those days it was usual to have a young household employee that came from some town. They didn't have many opportunities and tried to get out of their towns as maids working for a family. That is how a young 18–year old girl arrived at our house. Her name was Karla. She was a bit shy. She came from a town called La Mesa where she grew up with her two younger brothers.

Yo tenía 8 años y estaba asistiendo a la escuela primaria pero solo me interesaba que llegaran las vacaciones. Confieso que no me gustaba

estudiar y las matemáticas eran una pesadilla para mí. Bueno, no solo matemáticas, en realidad casi todo era una pesadilla para mí menos la clase de arte. Desde esa edad yo sabía que lo mío era el arte, dibujar me hacía feliz y mis padres me entendían hasta cierto punto. Lo cierto es que ellos no soportaban que yo fuera tan despistado para otras cosas.

I was eight years old and in Elementary school, but I just wanted it to be vacation time. I must confess that I didn't like to study and math was a nightmare to me. Well, not only math; actually, almost everything was a nightmare to me, except art class. From that young age I knew that my thing was art. Drawing made me happy and my parents understood me, up to a point. They couldn't stand that I was so clueless about other things.

Mi mamá me regañaba por todas las anotaciones que me escribían los maestros en las que decían que yo no prestaba atención. Me quitaban la televisión, los juegos de video, tampoco podía hablar con mis nuevos amigos, solo éramos Max y yo.

Era absolutamente aburrido mirar a la ventana y ver a los otros niños divertirse mientras yo estaba castigado.

My mom scolded me for all the notes the teachers wrote saying I didn't pay attention. They took away TV and video games, and I couldn't talk to my new friends. It was just Max and I. It was really boring to look out the window and watch other kids have fun while I was grounded.

Para el verano, mis padres decidieron contratar a un tutor ya que mi rendimiento era muy bajo y yo tampoco le prestaba atención. Estoy seguro que hacía su mejor esfuerzo por enseñarme, pero yo era como un pájaro que se distraía con cualquier cosa. Cada uno de los tutores se iba tan rápido como llegaba y le daban quejas a mis padres de lo poco disciplinado que era yo.

When summer arrived, my parents decided to hire a tutor since my achievement was very low, but I didn't pay attention to him. I'm sure he did the best he could to teach me, but I was like a bird that got distracted with everything. Each one of the tutors left as fast as they came and complained to my parents about me being poorly disciplined.

Algo que me causaba curiosidad era ver a Karla muy atenta a lo que trataban de enseñarme mis tutores, también se reía de ellos al verlos perder la paciencia conmigo.

Después de que se fuera el último tutor, Karla fue al estudio y me preguntó que por qué no me gustaban las matemáticas y mi respuesta fue que no eran divertidas.

Yo creía que no las necesitaba y pues quién en su vida ha usado el trinomio cuadrado perfecto para resolver algo del día a día.

Something that intrigued me was seeing Karla listen intently to what my tutors tried to teach me; she even laughed at them when they lost their cool with me.

After the last tutor left, Karla came to the study and asked me why I didn't like math, and I answered that because it wasn't fun. I thought I didn't need it, because who has used the perfect–square trinomial to solve an everyday issue?

Mis padres estaban enojados conmigo porque ningún tutor quería ir a casa, ellos creían que yo era un caso perdido.

Y fue así como un día apareció Karla con un tablero en el estudio de papá y me dijo que ella sería mi nueva tutora. Yo estaba pensando en esa chica y no creía que me pudiera enseñar algo, pero ella me dijo que sería divertido.

My parents were mad at me because no tutor wanted to go to my house. They thought I was a lost case.

And that is how one day Karla appeared with a board in my dad's study and told me she would be my new tutor. I was wondering about her and didn't think she could teach me anything, but she told me it would be fun.

Convertimos el estudio en un salón de clases a escondidas de mis padres, éramos Karla, Max que era mi compañero y yo. Ella me decía que haríamos que las matemáticas fueran divertidas usando ejemplos de lo que hacemos a diario.

Max fue muy útil para todo esto con sus movimientos repentinos que Karla sabía interpretar y convertirlos en números. Después de eso ella me lo enseñaba de una manera tan sencilla que empezaba a disfrutarlo.

We transformed the study into a classroom behind my parents' backs; it was Karla, Max, who was my classmate, and I. She told me we would make math fun by using examples of what we do every day. Max was very useful for all this, with his sudden movements that Karla knew how to interpret and convert them into numbers. After that, she taught me in such a simple way that I began to enjoy it.

Durante casi todo el día Karla hacía todo en la casa y de repente se convertía en la mejor profesora que existía. Resulta que Karla era

una especie de genio y le encantaba enseñar. Ella quería algún día ser maestra de matemáticas y hacerlas ver fáciles para todos.

For most of the day Karla did everything around the house and then suddenly became the best teacher in the world. It turned out that Karla was sort of a genius and she loved teaching. She wanted to someday become a math teacher and make it look easy for everybody.

Todo era una oportunidad para aprender con ella porque incluso un clavado en la piscina lo aprovechaba para enseñar. Yo le decía que ella era la criada genio y le conté a muchos compañeros que ella era la mejor. Mis padres aun no lo sabían incluso cuando ya los vecinos empezaban a murmurar sobre Karla.

Everything was a chance to learn with her because even diving into the pool was used for teaching. I told her she was the genius maid and I told many classmates that she was the best. My parents still didn't know, not even when the neighbors began to murmur about Karla.

Mis padres trabajaban la mayor parte del día, así que los veranos los transformábamos y tomábamos una hora diaria de matemáticas. Éramos cinco personas y Max. Los padres de mis compañeros querían pagarle a Karla por los servicios de tutoría, pero ella no aceptaba. Antes de aceptar, Karla quería que mis padres supieran.

My parents worked for most of the day, so we would transform summers into a fun and study time and learn math one hour a day. There were five of us and Max. My classmates' parents wanted to pay Karla for her tutoring services, but she wouldn't accept. Before agreeing to it, Karla wanted my parents to know.

Ella no se había atrevido a decirles por pena a que le dijeran que ella no sabía enseñar o que la despidieran por no hacer su trabajo. Un día mis padres llegaron temprano, llegaron justo a la hora en que estábamos en clase y Max estaba dormido y no nos avisó. Al entrar, mis padres escucharon algo de bulla y fueron al estudio en donde estábamos todos en clase.

She hadn't found the courage to tell them for fear of them saying she didn't know how to teach or firing her for not doing her job. One day, my parents arrived home early, right at the time we were in class, and since Max was asleep he didn't alert us. Upon entering, my parents heard some racket and went to the study where we were all in class.

Ellos se quedaron boquiabiertos al ver la escena, Max empezó a ladrar al verlos y Karla se puso de todos los colores de la pena. Ella les dijo que podía explicarles, que ella solo nos estaba enseñando.

Their mouths fell open when they saw what was happening. Max began barking when he saw them and Karla turned all the colors of shame. She told them she could explain, that she was only teaching us.

Mis padres seguían un poco impresionados y le preguntaron qué desde cuándo lo hacía. Ella tímidamente respondió que estaba haciéndolo desde hace tres semanas y que muchos niños ahora estaban aprendiendo. Mi mamá le preguntó que cómo hacía para enseñar y ella cabizbaja respondía que haciéndolo divertido.

My parents were a bit impressed and asked her how long she had been doing it. Timidly, she answered that she had been doing it for three weeks and many kids were now learning. My mom asked her how she taught and, with her head down, she answered by making it fun.

Mi mamá nos dijo que había escuchado de un vecino sobre la criada genio, pero nunca se imaginó que pudiera ser ella. Era una sorpresa que fuera Karla con 18 años la tutora de su hijo y de otros niños. Mis padres eran profesores universitarios así que le dijeron a Karla que se sintiera tranquila. Por fin había alguien que me podía enseñar sin que me distrajera con el vuelo de una mariposa decía mi mamá.

My mom told us that she had heard from a neighbor about the genius maid, but she never imagined it could be her. It was a surprise that Karla, at 18, could be her son's and other children's tutor. My parents were college professors, so they told Karla not to worry. My mom said that at last there was someone who could teach me without the flight of a butterfly distracting me.

Ese mismo día mi mamá salió a gritar a los cuatro vientos que Karla era la criada genio y por supuesto le podían pagar por las tutorías. De esa forma ella podía ayudarle más a sus hermanos menores.

Hasta mis padres y los padres de mis compañeros se unían a las clases de Karla. Era como si las matemáticas fueran una obra de arte, era sencillo, ella lo hacía ver sencillo.

That same day my mom went out and shouted to the four winds that Karla was the genius maid and they could, of course, pay her for tutoring. That way she could help her younger brothers more.

Even my parents and my classmates' parents joined Karla's classes. It was as if math were a work of art; it was simple, she made it seem simple.

Ella hablaba matemáticamente sobre el viento, el agua, la tierra, el fuego. Su imaginación era increíble para enseñar a niños y adultos sobre Pitágoras y que lo disfrutaran. Le daba uso diario a las matemáticas de una forma que nos trasladaba a todos a los confines del universo. Las clases ya no eran solo en nuestra casa sino que también en la casa de los vecinos.

She spoke mathematically about the wind, the water, earth, and fire. She had an incredible imagination to teach children and adults about Pythagoras and have them enjoy it. She put math to daily use in such a way that she transferred us to all the far ends of the universe. Classes were no longer only at our house but also at our neighbors' houses.

Karla en poco tiempo dejó de trabajar como criada en nuestra casa y empezó a dar tutorías en toda la ciudad. Ella seguía viviendo con nosotros y al desocuparse nos daba clase a mí y a mis compañeros. Incluso Max se había convertido en matemático, le poníamos gafas, le tomábamos algunas fotos y bromeábamos con él. Era el perro matemático.

It wasn't long before Karla stopped working as a maid at our house and began tutoring throughout the city. She still lived with us and when she finished her tutoring she would teach me and my classmates. Max had even become a mathematician; we would put glasses on him, take some pictures and would joke around with him. He was the mathematician dog.

Karla no solo hacía ver sencillas las matemáticas, ella hacía ver sencillo todo y con tal simpatía que se volvió muy famosa por sus tutorías. Mis padres le consiguieron una beca universitaria y así cumplir su sueño de ser profesora. Ella siempre fue una maestra fantástica y a pesar del tiempo siempre estábamos en contacto.

Karla not only made math seem simple, but she also made everything seem simple, and with such sympathy that she became famous for her tutoring. My parents got her a college scholarship so she could fulfill her dream of becoming a teacher. She was always a great teacher and, despite the passage of time, we were always in touch.

Pasaron 15 años, ahora Karla es profesora en la Universidad de colorado, también hace voluntariado para enseñar en escuelas. Siempre

haciendo que las matemáticas se vean divertidas con lo que hacemos cada día. También recibió premios internacionales por resolver algunas ecuaciones que llevaban siglos sin responder.

Algunas de esas ecuaciones tenían nombres extraños que después se llamarían ecuación de Kargon en honor a Karla Gonzáles.

Fifteen years have gone by and now Karla is a professor at the University of Colorado. She also does volunteer work to teach at schools. She still makes math seem fun with what we do every day. She was also awarded international prizes for solving some equations that hadn't been solved in centuries. Some of these equations had strange names, and would later be named "Kargon Equation" in honor of Karla Gonzáles.

En cuanto a mí, me dediqué al arte, a explorar a través de la pintura y escultura, me encanta pintar, me da libertad. Estoy alejado de las matemáticas, pero siempre tendré el recuerdo de lo simple y divertido que fue tomar clases con la criada genio.

Hoy tendré mi primera exposición como artista, mis padres están aprovechando y se toman unas copas de vino. Pronto llegará Karla con su esposo y su hija.

As for me, I dedicated myself to art, exploring through painting and sculpture. I love to paint; it gives me freedom. I have left math behind, but I will always remember how simple and fun it was to take classes with the genius maid.

Today, I will hold my first exhibition as an artist. My parents are taking the opportunity to drink some glasses of wine. Soon, Karla, her husband and daughter will arrive.

STORY #11 – CIELO Y TIERRA
(CANTIDADES Y COMPARACIONES)

Los **astronautas** intentan dormir en la pequeña **nave espacial**. Mientras duermen, algunos sueñan con su hogar y otros sueñan con su familia. Felipe no puede dormir. Él mira a través de la ventana redonda de la cabina. A lo lejos, la Tierra parece tan pequeña como un **guisante**. Felipe se imagina a su novia, Leticia, durmiendo junto a su perro Blas. El **pensamiento** le hace sentir pequeño y triste, aunque él es, en realidad, un hombre alto y fuerte. Felipe oye detrás de él a uno de sus compañeros. Está **roncando** como un cerdo. Felipe se siente solo a pesar de estar rodeado de gente.

astronautas – astronaut

nave espacial – spaceship

guisante – pea

pensamiento – thought

roncando (roncar) – snoring (to snore)

En la Tierra, Leticia **abraza** a su perro e intenta dormir, pero tampoco puede. Ella vive en un apartamento lejos de la ciudad. El apartamento es muy pequeño, pero parece más grande de lo que es porque no tiene **paredes** dividiendo las habitaciones. Ella mira por la ventana e imagina a su novio Felipe. Él está ahí, en ese pequeño punto iluminado del cielo. Algunas veces le envidia. Él está en el espacio, viviendo una maravillosa aventura, sin tener tiempo para aburrirse. Leticia, sin embargo, está en casa, **echándole de menos** y contemplando las estrellas desde su minúscula casa. La luz de la luna entra por la ventana e ilumina el dormitorio. Blas, su perro, ronca en la cama sin moverse. Blas es un perro negro y muy grande, casi tan grande como el apartamento entero. Felipe y Leticia siempre hablan de comprar una casa más grande, pero no tienen dinero. Por eso Felipe está ahí arriba, en el espacio. Cuando vuelva, tendrán una casa grande y bonita como las casas que salen en las revistas de **decoración**.

abraza (abrazar) – hugs (to hug)

paredes – walls

echándole de menos (echar de menos) – missing him (to miss)

decoración – decoration, design

Felipe y sus compañeros desayunan, aunque ninguno de ellos sabe muy bien qué hora es. Allí, en el espacio, siempre es de noche. Antes de venir aquí, Felipe era **botánico**. Está aquí estudiando el efecto de la **gravedad** cero en las plantas. Sus compañeros son todos astronautas. Ellos están acostumbrados a comer comida **deshidratada**. Felipe sujeta su **bandeja** al **arnés** de seguridad y come sin emoción. La **cabina** es igual de pequeña que su apartamento en la Tierra, pero es mucho más fea. Mira a sus compañeros. Rose es una mujer de cuarenta años aproximadamente. Tiene el pelo corto y el pecho muy grande. Es la capitana de la nave. Rose es una mujer amable y es, sin duda, la persona más inteligente que Felipe haya conocido nunca. En la nave, ella es su mejor amiga. Ella sabe que Felipe se siente solo y echa de menos su hogar, así que hace **bromas** y habla con él para **animarle**. Rose es de Inglaterra y tiene el pelo rubio, casi blanco. Helena es igual de alta que Rose y también es muy inteligente. Helena es piloto. Ella es una mujer rusa de unos cincuenta años, y tiene muchos años de experiencia. Ha viajado muchas veces al espacio.

—¿Echas de menos la Tierra? —le pregunta Felipe.

—A veces. Echo de menos poder ducharme y la comida.

Los dos se ríen.

botánico/a – botanist

gravedad – gravity

deshidratado/a – dehydrate

bandeja – tray

arnés – harness

cabina – cockpit

bromas – jokes

animarle (animar) – cheer him up (to cheer up)

Son las dos en punto de la tarde en la ciudad de Leticia. El tiempo pasa más lento en la Tierra, o eso le parece a Leticia. Ella cuida de su jardín y mira al cielo. Las nubes se mueven muy deprisa.

—Va a llover —le dice el vecino.

El chico es más joven que Leticia, pero tiene muchas **canas**. Blas le **ladra** muy fuerte. No le gustan nada los hombres, excepto Felipe.

canas – grey hairs, white hairs

ladra (ladrar) – barks (to bark)

En su nave, Felipe observa sus plantas. Algunas crecen más rápido que otras. La mayoría están verdes y fuertes, pero la más pequeña de todas, un **bonsái**, parece estar enfermo. En algunas cajas, Felipe tiene guardadas **semillas** de muchas tipos distintos de árbol: algunas semillas de **cerezo,** unas pocas semillas de **almendro**... La agencia espacial cree que, debido a la **radiación** del espacio, algunas plantas pueden crecer más rápido en el espacio que en la Tierra. Podría ser una solución a la **escasez** de comida en la Tierra. Felipe ve que las plantas crecen más o menos a la misma velocidad. Si crecieran más rápido... ¿quién querría comer fruta **radioactiva**? Felipe no está feliz en la nave, pero cuando le dieron el trabajo, pensó que era el hombre más afortunado del mundo.

bonsái – bonsai

semillas – seeds

cerezo – cherry tree

almendro – almond tree

radiación – radiation

escasez – shortage

radioactivo/a – radioactive

Casi no consigue el trabajo. Había muchos candidatos, pero sólo un puesto. Cada **aspirante** necesitaba diez años de **experiencia** como **botanista**. También, tenía que medir al menos un metro y cincuenta centímetros, pero menos de un metro y noventa centímetros. Felipe miraba a sus oponentes y todos eran más bajos y más atléticos que él. Felipe mide un poco más de un metro noventa, pero era el más **cualificado**. Ahora, Felipe parece más alto de lo normal y está demasiado **delgado**. Es el más alto y el más delgado de la nave.

En la Tierra, Leticia va a comprar comida, Después tiene que hacer un montón de **recados**. En el supermercado, compara las **distintas marcas** de pasta. "Los dos paquetes de pasta son iguales", piensa, pero uno es más **caro** que el otro. Lee los paquetes. Uno de ellos, el más caro, lleva huevo y tarda dos minutos en **hervir**. El más **barato** de los dos tarda diez minutos en hervir. Leticia piensa que no **tiene prisa** y que prefiere pagar menos dinero por un **puñado** de pasta.

aspirante – candidate

experiencia – experience

botanista – botanist

cualificado/a – qualified

delgado/a – thin

recados – errands

distintoa/as – different

marcas – brands

caro – expensive

hervir – to boil

barato/a – cheap

tiene prisa (tener prisa) – is in a hurry (to be in a hurry)

puñado – handful

Después de comprar, ella va a ver a sus hermanos. Ella es la hermana **mediana**. Su hermano Carlos es un poco mayor que ella. Luis es el mayor, y Lola, que tiene dos años menos que Leticia, es la menor de los hermanos. Los cuatro son muy bajos, pero Luis es el más bajo de todos. Los cuatro ven la tele juntos en el salón de la casa de Luis. La casa de Luis es mucho más grande que la de Leticia. De hecho, el apartamento entero podría **caber** en ese salón. En las noticias hablan de Felipe y de la misión espacial. Es el único español de la misión, así que hablan más de él que de la misión. En una foto reciente, Felipe está mucho más delgado que antes de irse. Leticia se preocupa un montón. Felipe siempre ha sido muy alto y algo gordo. En casa, Leticia y él cocinan las mismas veces, pero Felipe es mucho mejor cocinero que ella. En una semana, él volverá a casa y ella le recibirá con un delicioso plato de pasta con carne. Tiene que **engordar** un poco y volver a estar como antes.

mediano/a – middle

caber – to fit

engordar – to gain weight

Felipe no puede esperar más para volver a casa. Es el que está más ilusionado por el viaje de vuelta a la Tierra. Su compañero Yuri, un hombre ucraniano más joven que él, le dice que es la peor parte del viaje. Helena, por el contrario, cree que es la mejor, aunque la más difícil.

A Felipe no le importa. Quiere volver a casa y comer comida de verdad. Cualquier cosa, un simple huevo frito, por ejemplo, es mejor que la comida **seca** y **empaquetada** que comen aquí. Cuando llegue a casa dará un beso a su novia, un abrazo a su perro, e irá directamente a la cocina para coger un gran plato de pasta. Felipe observa la Tierra desde la ventana redonda de la cabina. Desde la Tierra se ven todas las estrellas, pero desde la nave espacial, sólo se ve negro, a pesar de estar más cerca de ellas.

Antes de empezar el viaje de regreso, toda la tripulación se ajusta el uniforme y los **cinturones de seguridad**. Rose está más relajada que sus compañeros. Helena está muy emocionada. Le encanta aterrizar, y prefiere el viaje de vuelta al viaje de ida. Yuri está muy contento, pero es el que está más nervioso. Yuri y Felipe tienen las mismas ganas de volver a casa.

seco/a – dry

empaquetado/a – packed

cinturones de seguridad – safety belts

En la Tierra, en su pequeño apartamento, Leticia corta pollo y fríe **ajos** y **cebolla**. Dentro de poco tiempo volverá Felipe. Un coche oficial de color negro le traerá a casa después de hacerle algunos **análisis** médicos. Mientras **hierve** el agua, Leticia pone los platos y las servilletas en la mesa. Después, echa dos puñados de pasta en el agua con sal. Alguien llama a la puerta. Es Felipe. El ha llegado antes de lo que ella esperaba. Él la besa **apasionadamente** y saluda a Blas con un abrazo. Corriendo, abre la puerta de la cocina y mira la **olla**. La pasta está todavía demasiado dura para comerla.

—Todavía necesita ocho minutos más.

—Pero tengo hambre...

Felipe y ella se ríen. Los dos tienen hambre, y Leticia se **arrepiente** de no haber comprado la pasta con huevo, pero mientras esperan, beben vino blanco y juegan con Blas en el suelo de la habitación. Leticia está más gorda que antes, y Felipe, mucho más delgado. Dentro de poco tiempo, se mudarán a una casa nueva y grande, comerán toda la comida fresca que quieran, y dormirán juntos mientras escuchan los ruidosos ronquidos de Blas.

ajos – garlics

cebolla – onion

análisis – analysis

hierve (hervir) – boils (to boil)

apasionadamente – passionately

olla – pot, pan

arrepiente (arrepentirse) – she regrets (to regret)

QUESTIONS/ PREGUNTAS

1) ¿Cómo se llama el perro?
   a) Blas
   b) Felipe
   c) No lo dicen
   d) No tienen perro

2) ¿Por qué esta Felipe en el espacio?
   a) Porque le gusta el espacio
   b) Porque rompió con su novia
   c) Para poder comprar una casa más grande
   d) Porque sus padres le obligaron

3) ¿Qué era Felipe en la tierra?
   a) Piloto
   b) Botánico
   c) Medico
   d) Ingeniero

4) ¿Quién es el capitán de la nave?
   a) Helena
   b) Felipe
   c) Yuri
   d) Rose

5) ¿Qué comida prepara Leticia para el regreso de Felipe?
   a) Pollo
   b) Arroz
   c) Pasta
   d) Pescado

ANSWERS/ SOLUCIONES

1) A   2) C   3) B   4) D   5) C

RESUMEN

Felipe y Leticia son una pareja joven que anhela que puedan estar juntos pronto. Felipe es un botánico que está en una misión espacial para analizar el comportamiento de algunas plantas en gravedad cero.

Tanto Felipe como sus compañeros de misión extrañan las cosas más sencillas de la tierra, como la comida, una buena ducha y sobre todo extrañan su hogar.

Leticia en la tierra mira hacia el cielo estrellado, cuida a su perro y disfruta de su pequeño apartamento en las afueras de la ciudad. Ella tiene la esperanza de que tan pronto llegue Felipe de su misión espacial podrán tener la casa de ensueño que tanto quieren.

Mientras Felipe mira la tierra desde la ventana redonda de la nave, Leticia se reúne con la familia de Felipe para ver juntos las noticias de su retorno a la tierra. Al llegar a casa, Felipe quiere probar las delicias que ha preparado Leticia y que había extrañado tanto.

SUMMARY

Felipe and Leticia are a young couple who wish to be together soon. Felipe is a botanist who is on a space mission analyzing the behavior of certain plants in zero gravity.

Felipe and his mission companions miss the Earth's simplest things, such as the food and a good shower, and above all they miss their homes.

On Earth, Leticia looks up at the starry sky, takes care of her dog, and enjoys her small apartment in the suburbs. She's hopeful that as soon as Felipe returns from his space mission they will be able to have their dream house.

While Felipe looks down at the Earth from the spaceship's round window, Leticia gets together with Felipe's family to watch the news of his return to Earth. Upon arriving home, Felipe wants to taste the delicacies Leticia has prepared and that he had missed so much.

VOCABULARIO

astronautas – astronaut

nave espacial – spaceship

guisante – pea

pensamiento – thought

roncando (roncar) – snoring (to snore)

abraza (abrazar) – hugs (to hug)

paredes – walls

echándole de menos (echar de menos) – missing him (to miss)

decoración – decoration, design

botánico/a – botanist

gravedad – gravity

deshidratado/a – dehydrate

bandeja – tray

arnés – harness

cabina – cockpit

bromas – jokes

animarle (animar) – cheer him up (to cheer up)

canas – grey hairs, white hairs

ladra (ladrar) – barks (to bark)

bonsái – bonsai

semillas – seeds

cerezo – cherry tree

almendro – almond tree

radiación – radiation

escasez – shortage

radioactivo/a – radioactive

aspirante – candidate

experiencia – experience

botanista – botanist

cualificado/a – qualified

delgado/a – thin

recados – errands

distintoa/as – different

marcas – brands

caro – expensive

hervir – to boil

barato/a – cheap

tiene prisa (tener prisa) – is in a hurry (to be in a hurry)

puñado – handful

mediano/a – middle

caber – to fit

engordar – to gain weight

seco/a – dry

empaquetado/a – packed

cinturones de seguridad – safety belts

ajos – garlics

cebolla – onion

análisis – analysis

hierve (hervir) – boils (to boil)

apasionadamente – passionately

olla – pot, pan

arrepiente (arrepentirse) – she regrets (to regret)

TRANSLATION

Los astronautas intentan dormir en la pequeña nave espacial. Mientras duermen, algunos sueñan con su hogar y otros sueñan con su familia. Felipe no puede dormir. Él mira a través de la ventana redonda de la cabina. A lo lejos, la Tierra parece tan pequeña como un guisante. Felipe se imagina a su novia, Leticia, durmiendo junto a su perro Blas. El pensamiento le hace sentir pequeño y triste, aunque él es, en realidad, un hombre alto y fuerte. Felipe oye detrás de él a uno de sus compañeros. Está roncando como un cerdo. Felipe se siente solo a pesar de estar rodeado de gente.

The astronauts try to sleep in the small spaceship. While they sleep, some dream of their home and others dreams of their family. Felipe cannot sleep. He looks through the round window of the cabin. In the distance, the Earth seems as small as a pea. Felipe imagines his girlfriend, Leticia, sleeping next to his dog Blas. The thought makes him feel small and sad, although he is, in fact, a tall strong man. Felipe hears one of his mates behind him. He is snoring like a pig. Felipe feels lonely despite being surrounded by people.

En la Tierra, Leticia abraza a su perro e intenta dormir, pero tampoco puede. Ella vive en un apartamento lejos de la ciudad. El apartamento es muy pequeño, pero parece más grande de lo que es porque no tiene paredes dividiendo las habitaciones. Ella mira por la ventana e imagina a su novio Felipe. Él está ahí, en ese pequeño punto iluminado del cielo. Algunas veces le envidia. Él está en el espacio, viviendo una maravillosa aventura, sin tener tiempo para aburrirse. Leticia, sin embargo, está en casa, echándole de menos y contemplando las estrellas desde su minúscula casa. La luz de la luna entra por la ventana e ilumina el dormitorio. Blas, su perro, ronca en la cama sin moverse. Blas es un perro negro y muy grande, casi tan grande como el apartamento entero. Felipe y Leticia siempre hablan de comprar una casa más grande, pero no tienen dinero. Por eso Felipe está ahí arriba, en el espacio. Cuando vuelva, tendrán una casa grande y bonita como las casas que salen en las revistas de decoración.

On Earth, Leticia hugs her dog and tries to sleep, but she can't sleep either. She lives in an apartment far from the city. The apartment is very small, but it seems bigger than it is because it has no walls dividing the rooms. She looks out the window and imagines her boyfriend, Felipe. He is there, in that little illuminated spot in the sky. Sometimes she envies him. He is in space, living a wonderful adventure, with no time to get bored. Leticia, however, is at home, missing him and contemplating the stars from her tiny house. The light moonlight enters through the window and illuminates the bedroom. Blas, her dog, snores in bed without moving. Blas is a big black dog, almost as big as the whole apartment. Felipe and Leticia always talk about buying a bigger house, but they don't have enough money. That's why Felipe is up there, in space. When he returns, they will have a nice big house like the ones that appear in the decoration magazines.

Felipe y sus compañeros desayunan, aunque ninguno de ellos sabe muy bien qué hora es. Allí, en el espacio, siempre es de noche. Antes de venir aquí, Felipe era botánico. Está aquí estudiando el efecto de la gravedad cero en las plantas. Sus compañeros son todos astronautas. Ellos están acostumbrados a comer comida deshidratada. Felipe sujeta su bandeja al arnés de seguridad y come sin emoción. La cabina es igual de pequeña que su apartamento en la Tierra, pero es mucho más fea. Mira a sus compañeros. Rose es una mujer de cuarenta años aproximadamente. Tiene el pelo corto y el pecho muy grande. Es la capitana de la nave. Rose es una mujer amable y es, sin duda, la persona más inteligente que Felipe haya conocido en su vida. En la nave, ella es su mejor amiga. Ella sabe que Felipe se siente solo y echa de menos su hogar, así que hace bromas y habla con él para animarle. Rose es de Inglaterra y tiene el pelo rubio, casi blanco. Helena es igual de alta que Rose y también es muy inteligente. Helena es piloto. Ella es una mujer Rusa de unos cincuenta años, y tiene muchos años de experiencia. Ha viajado muchas veces al espacio.

— ¿Echas de menos la Tierra? —le pregunta Felipe.

—A veces. Echo de menos poder ducharme y la comida.

Los dos se ríen.

Felipe and his companions have breakfast, although none of them knows very well what time it is. There, in space, it is always night. Before coming here, Felipe was a botanist. He is here studying the effect of zero gravity on plants. His companions are all astronauts. They are used to eating dehydrated food. Felipe holds his tray to the safety harness and eats without emotion. The cabin is as small as his apartment on Earth, but much uglier. He looks at his companions. Rose is a woman of about forty years. She has short hair and a very big chest. She is the captain of the ship. Rose is a kind woman and is, undoubtedly, the most intelligent person Felipe has ever met. On the ship, she is his best friend. She knows that Felipe feels lonely and misses his home, so she jokes and talks with him to cheer him up. Rose is from England and has blond hair, almost white. Helena is as tall as Rose and she is also very intelligent. Helena is the pilot. She is a Russian woman in her fifties and has many years of experience. He has traveled many times to space.

— Do you miss the Earth? — She asks Felipe.

— Sometimes. I miss being able to shower and the food.

They both laugh.

Son las dos en punto de la tarde en la ciudad de Leticia. El tiempo pasa más lento en la Tierra, o eso le parece a Leticia. Ella cuida de su jardín y mira al cielo. Las nubes se mueven muy deprisa.

—Va a llover —le dice el vecino.

El chico es más joven que Leticia, pero tiene muchas canas. Blas le ladra muy fuerte. No, le gustan nada los hombres, excepto Felipe.

It's two o'clock in the afternoon in Leticia's city. Time goes by slower on Earth, or so it seems to Leticia. She takes care of her garden and looks at the sky. The clouds move very fast.

— It's going to rain — the neighbor says.

The boy is younger than Leticia, but he has many gray hairs. Blas barks at him very loudly. He does not like men, except for Felipe.

En su nave, Felipe observa sus plantas. Algunas crecen más rápido que otras. La mayoría están verdes y fuertes, pero la más pequeña de todas, un bonsái, parece estar enfermo. En algunas cajas, Felipe tiene guardadas semillas de muchos tipos distintos de árbol: algunas semillas de cerezo, unas pocas semillas de almendro... La agencia espacial cree que, debido a la radiación del espacio, algunas plantas pueden crecer más rápido en el espacio que en la Tierra. Podría ser una solución a la escasez de comida en la Tierra. Felipe ve que las plantas crecen más o menos a la misma velocidad. Si crecieran más rápido... ¿quién querría comer fruta radioactiva? Felipe no está feliz en la nave, pero cuando le dieron el trabajo, pensó que era el hombre más afortunado del mundo.

In his spaceship, Felipe observes his plants. Some grow faster than others. Most are green and strong, but the smallest of them all, a bonsai, seems to be sick. In some boxes, Felipe has stored seeds of many different types of trees: some cherry tree seeds, a few seeds of almond tree ... The space agency believes that, due to the radiation of space, some plants can grow faster in space than in Earth. It could be an answer to food shortage on Earth. Felipe sees that the plants grow more or less at the same speed. If they grew faster who would want to eat radioactive fruit? Felipe is not happy on the ship, but when they gave him the job, he thought he was the luckiest man in the world.

Casi no consigue el trabajo. Había muchos candidatos, pero sólo un puesto. Cada aspirante necesitaba diez años de experiencia como botanista. También, tenía que medir al menos un metro y cincuenta centímetros, pero menos de un metro y noventa centímetros. Felipe miraba a sus oponentes y todos eran más bajos y más atléticos que él. Felipe mide un poco más de un metro noventa, pero era el más cualificado. Ahora, Felipe parece más alto de lo normal y está demasiado delgado. Es el más alto y el más delgado de la nave.

En la Tierra, Leticia va a comprar comida, Después tiene que hacer un montón de recados. En el supermercado, compara las distintas marcas de pasta. "Los dos paquetes de pasta son iguales", piensa, pero uno es más caro que el otro. Lee los paquetes. Uno de ellos, el más caro, lleva huevo y tarda dos minutos en hervir. El más barato de los dos tarda diez minutos en hervir. Leticia piensa que no tiene prisa y que prefiere pagar menos dinero por un puñado de pasta.

He almost didn't get the job. There were many candidates, but only one position. Each candidate needed ten years of experience as a botanist. Also, I had to be at least one meter and fifty centimeters, but less than one meter and ninety centimeters. Felipe looked at his opponents and everyone was shorter and more athletic than him. Felipe is a little over a meter and ninety, but he was the most qualified. Now, Felipe seems taller than usual and he's too thin. He is the tallest and thinnest one of the ships.

On Earth, Leticia goes to shop for food, afterwards she has to do a lot of errands. In the supermarket, she compares the different brands of pasta. "The two packs of pasta are the same", she thinks, but one is more expensive than the other. She reads the packages. One of them, the most expensive, contains egg and takes two minutes to boil. The cheapest one takes ten minutes to boil. Leticia thinks that she isn't in a hurry and that she prefers to pay less money for a handful of pasta.

Después de comprar, ella va a ver a sus hermanos. Ella es la hermana mediana. Su hermano Carlos es un poco mayor que ella. Luis es el mayor, y Lola, que tiene dos años menos que Leticia, es la menor de los hermanos. Los cuatro son muy bajos, pero Luis es el más bajo de todos. Los cuatro ven la tele juntos en el salón de la casa de Luis. La casa de

Luis es mucho más grande que la de Leticia. De hecho, el apartamento entero podría caber en ese salón. En las noticias hablan de Felipe y de la misión espacial. Es el único español de la misión, así que hablan más de él que de la misión. En una foto reciente, Felipe está mucho más delgado que antes de irse. Leticia se preocupa un montón. Felipe siempre ha sido muy alto y algo gordo. En casa, Leticia y él cocinan las mismas veces, pero Felipe es mucho mejor cocinero que ella. En una semana, él volverá a casa y ella le recibirá con un delicioso plato de pasta con carne. Tiene que engordar un poco y volver a estar como antes.

After shopping, she goes to see her brothers. She is the middle sister. Her brother Carlos is a little older than her. Luis is the oldest, and Lola, who is two years younger than Leticia, is the youngest of all the siblings. The four of them are very short, but Luis is the shortest of them all. The four of them watch TV together in the living room of Luis' house. Luis's house is much bigger than Leticia's. In fact, the whole apartment could fit in that room. On the news they talk about Felipe and the space mission. He is the only Spaniard in the mission, so they speak more about him than about the mission. In a recent photo, Felipe seems much thinner than before leaving. Leticia worries a lot. Felipe has always been very tall and a bit fat. At home, Leticia and he cook at the same times, but Felipe is a much better cook than her. In a week, he will return home and she will welcome him with a delicious plate of pasta with meat. He has to gain weight and get back to being as he was before.

Felipe no puede esperar más para volver a casa. Es el que está más ilusionado por el viaje de vuelta a la Tierra. Su compañero Yuri, un hombre ucraniano más joven que él, le dice que es la peor parte del viaje. Helena, por el contrario, cree que es la mejor, aunque la más difícil.

A Felipe no le importa. Quiere volver a casa y comer comida de verdad. Cualquier cosa, un simple huevo frito, por ejemplo, es mejor que la comida seca y empaquetada que comen aquí. Cuando llegue a casa dará un beso a su novia, un abrazo a su perro, e irá directamente a la cocina para coger un gran plato de pasta. Felipe observa la Tierra desde la ventana redonda de la cabina. Desde la Tierra se ven todas las estrellas, pero desde la nave espacial, sólo se ve negro, a pesar de estar más cerca de ellas.

Antes de empezar el viaje de regreso, toda la tripulación se ajusta el uniforme y los cinturones de seguridad. Rose está más relajada que sus compañeros. Helena está muy emocionada. Le encanta aterrizar, y

prefiere el viaje de vuelta al viaje de ida. Yuri está muy contento, pero es el que está más nervioso. Yuri y Felipe tienen las mismas ganas de volver a casa.

Felipe can't wait to go back home. He is the most excited about the trip back to Earth. His partner Yuri, a Ukrainian man younger than him, tells him that it's the worst part of the trip. Helena, on the other hand, thinks that it's the best part, even though it is the most difficult one.

Felipe doesn't care. He wants to go back home and eat real food. Anything, a simple fried egg, for example, is better than the dry and packaged food they eat here. When he gets home, he will kiss his girlfriend, hug his dog, and go straight to the kitchen to get a big plate of pasta. Felipe looks at the Earth from the round window of the cabin. From the Earth you can see all the stars, but from the spaceship, you only see black, despite being closer to them.

Before starting the trip back, the entire crew adjusts their uniforms and safety belts. Rose is more relaxed than her companions. Helena is very excited. She loves to land and prefers the trip back than the outward one. Yuri is very happy, but he's the most nervous. Yuri and Felipe have the same desire to return home.

En la Tierra, en su pequeño apartamento, Leticia corta pollo y fríe ajos y cebolla. Dentro de poco tiempo volverá Felipe. Un coche oficial de color negro le traerá a casa después de hacerle algunos análisis médicos. Mientras hierve el agua, Leticia pone los platos y las servilletas en la mesa. Después, echa dos puñados de pasta en el agua con sal. Alguien llama a la puerta. Es Felipe. El ha llegado antes de lo que ella esperaba. Él la besa apasionadamente y saluda a Blas con un abrazo. Corriendo, abre la puerta de la cocina y mira la olla. La pasta está todavía demasiado dura para comerla.

— Todavía necesita ocho minutos más.

— Pero tengo hambre...

Felipe y ella se ríen. Los dos tienen hambre, y Leticia se arrepiente de no haber comprado la pasta con huevo, pero mientras esperan, beben vino blanco y juegan con Blas en el suelo de la habitación. Leticia está más gorda que antes, y Felipe, mucho más delgado. Dentro de poco tiempo, se mudarán a una casa nueva y grande, comerán toda la comida fresca que quieran, y dormirán juntos mientras escuchan los ruidosos ronquidos de Blas.

On Earth, in her small apartment, Leticia cuts chicken, fries, garlic and onion. Felipe will be back soon. An official black car will bring him back home after doing some medical analysis. While the water boils, Leticia puts the plates and napkins on the table. After that, she throws two handfuls of pasta into the salted water. Somebody knocks the door. It's Felipe. He has arrived earlier than she expected. He kisses her passionately and greets Blas with a hug. Running, he opens the kitchen door and looks into the pot. The pasta is still too hard to eat.

— It still needs eight more minutes.

— But I'm hungry…

Felipe and she laugh. The two are hungry, and Leticia regrets not having bought the pasta with egg, but while they wait, they drink white wine and play with Blas on the floor of the room. Leticia is fatter than before, and Felipe is much thinner. In a short time, they will move into a new big house, eat all the fresh food they want, and sleep together while listening to the loud snores of Blas.

CONCLUSION

"One language sets you in a corridor for life.

Two languages open every door along the way."

-Frank Smith

A new language can truly open new doors that you never thought existed. I hope this book was able to help you discover just that. A lot of effort has gone into the making and publication of this book, but knowing that I am paving the way for you to continue learning Spanish — and have fun while you're at it — makes all the effort worthwhile.

After reading the ten stories found in this book, you should be making headway in learning Spanish. You have learned hundreds of useful new vocabulary words to add to your memory bank, and you will find that your confidence while reading and writing has improved, too.

If you found this book to be helpful, you can support it by leaving a review on Amazon. Your feedback is truly appreciated and valued.

Thank you so much,

My Daily Spanish Team

HOW TO DOWNLOAD THE AUDIO?

Please take note that the audio are in MP3 format and need to be accessed online. No worries though; it's quite easy!

On your computer, smartphone, iphone/ipad or tablet, simply go to this link:

https://mydailyspanish.com/stories-beginner-audio/

Do you have any problems downloading the audio? If you do, feel free to send an email to support@mydailyspanish.com. We'll do our best to assist you, but we would greatly appreciate it if you could thoroughly review the instructions first.

Gracias, thank you.

My Daily Spanish Team

www.ingramcontent.com/pod-product-compliance
Lightning Source LLC
Chambersburg PA
CBHW081935160726
47999CB00008B/2395